电子商务社会培训课程体系研究

陈文婕 著

中国纺织出版社有限公司

图书在版编目（CIP）数据

电子商务社会培训课程体系研究 / 陈文婕著 . -- 北京 : 中国纺织出版社有限公司 , 2021.4

ISBN 978-7-5180-8447-0

Ⅰ. ①电… Ⅱ. ①陈… Ⅲ. ①电子商务—社会教育—课程体系—研究 Ⅳ. ① F713.36

中国版本图书馆 CIP 数据核字（2021）第 051379 号

责任编辑：郭　婷　　责任校对：楼旭红　　责任印制：储志伟

中国纺织出版社有限公司出版发行

地址：北京市朝阳区百子湾东里 A407 号楼　邮政编码：100124

销售电话：010—67004422　传真：010—87155801

http://www.c-textilep.com

中国纺织出版社天猫旗舰店

官方微博 http://weibo.com/2119887771

天津千鹤文化传播有限公司印刷　　各地新华书店经销

2021 年 4 月第 1 版第 1 次印刷

开本：710 × 1000　1/16　印张：7

字数：150 千字　定价：49.00 元

前　言

中国互联网发展迅速，在2017年短短的一年时间里，各类电子商务产品如雨后春笋般涌现。行业的快速发展导致对人才的需求加大，加之传统企业借电子商务实现转型升级，推高对人才的需求度。而在“大众创业、万众创新”的大背景下，互联网领域创业推向新高潮，继而产生新的需求，带动了就业，创造了就业岗位。

据中国电子商务市场深度评估与投资战略咨询报告显示，截至2019年，中国电子商务服务企业直接从业人员超过4800万人。随着电子商务规模的不断扩大，各地政府大力推进电商发展，更多的企业加入电商队伍，围绕着电商产业链条上的包括：支付、物流、营销、金融、网络模特、产业园区等，这些领域都随着电子商务行业的发展而需求递增。电子商务对于快递等上下游行业都有很强的带动作用，由此衍生出来的就业市场大幅增加。目前社会对电子商务人才的需求已呈现出需求量大、行业需求面广、专业需求岗位多、普遍要求有相关岗位的从业经验等特点。各级政府、学校、社会培训机构纷纷开展电商培训，为企业输送电商人才。

本专著在对电子商务社会培训行业现状及发展趋势分析的基础上，明确人才培养规格、课程体系，制订教学实施与评价方案。第一章为导论，介绍了研究背景与意义，研究对象与内容；第二章为职业人才需求分析，介绍了电子商务行业状况、电子商务行业对人才的需求以及电子商务典型职业活动和职业能力分析；第三章为社会培训指导方案，包括人才培养规格、课程体系、教学实施和评价等内容；第四章提供了电子商务基础、淘系课程、京东课程、农村电商、跨境电商、直播电商、新媒体营销、短视频实操课程标准；第五章介绍了电子商务社会培训体系构建，包括教学体系、组织体系、保障体系、评价体系和运行机制五个方面内容的建设；第六章中列举了电子商务社会培训的典型方案。

本专著在撰写的过程中还参考了一些资料，有的资料因为难以找到出处，故没有标注出来，在此对这些作者表示感谢。本书覆盖面较广，由于作者水平有限，编写时间较短，难免有不当之处，敬请读者谅解并能批评指正。

本专著得到了多项基金支持，有安徽省教育厅人文社科重点研究项目“‘互联网 +’时代县域电子商务自生态模式研究”（项目编号：SK2017A0903）、安徽省高等学校省级质量工程重大教学改革研究项目“产教融合视域下电子商务专业人才培养模式研究与实践”（项目编号：2020jyxm0295）、安徽国际商务职业学院实验实训中心项目“电商综合示范实验实训中心”（项目编号：2020sxzx）成果。

作者

2020.12

目　录

第一章　导　论

一、研究背景与意义

电子商务是指以信息网络技术为手段，以商品交换为中心的商务活动。在传统互联网、移动互联网、5G 物联网的发展下，利用电子货币交换、供应链管理、电子交易市场、网络营销、在线事务处理、电子数据交换、存货管理和自动数据收集系统，实现买卖双方不谋面地进行各种商贸活动的一种新型商业运营模式。

随着时代的发展，电子商务越来越具有普遍性，将生产企业、流通企业以及消费者和政府带入了一个网络经济、数据化生存的新天地。2016 年 2 月 17 日，国家发展改革委与阿里巴巴集团在京签署结合返乡创业试点发展农村电商战略合作协议，协议提到：未来三年，双方将共同支持 300 余试点县（市、区）结合返乡创业试点发展农村电商。如图 1–1 所示的淘宝村的发展历程证明了这一点。同年 11 月 4 日，国务院扶贫办等中央 16 部委联合印发了《关于促进电商精准扶贫的指导意见》(简称《意见》)，明确提出了农村电商、精准扶贫的工作内容，其中人才始终是核心，今后还需不遗余力；各地电商扶贫面临困难很多，一些困难不尽相同，但总体上都会遇到一个共同的大问题，就是人才瓶颈，能懂的人很少，会干的人更少，能干好的更是可遇而不可求。为此，前期的试点中，各地普遍把人才当作大问题来抓。《意见》提出，到 2020 年完成 1000 万人次以上电商知识和技能培训，培养 100 万名以上农村青年电商高端人才，实现每个贫困村至少有 1 名电商扶贫高级人才，形成一支懂信息技术、会电商经营、能带动脱贫的本土电商扶贫队伍。

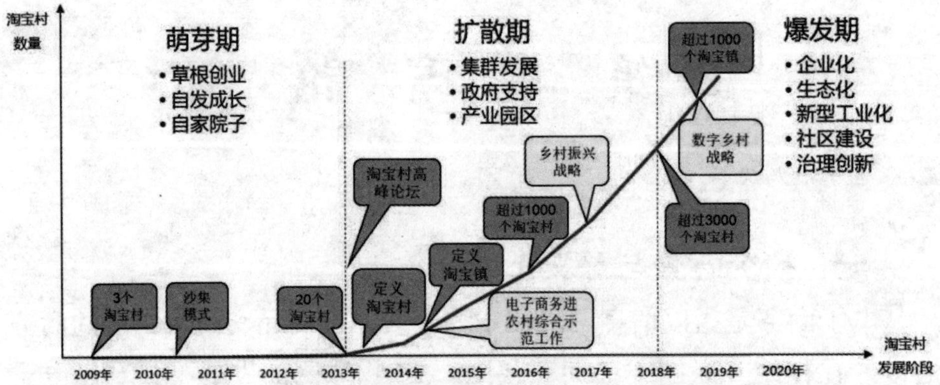

图1–1　淘宝村发展历程

2015 年 3 月 28 日，国家发展改革委、外交部、商务部联合发布了《推动共建丝绸之路经济带和 21 世纪海上丝绸之路的愿景与行动》。到 2018 年 5 月份，已经批准建立了 35 个跨境电子商务综合试验区，已与越南、新西兰、巴西、意大利等 18 个国家建立长效双边电子商务合作机制。预计在 2021 年，全球电子商务零售额将增长到 4.5 万亿美元，占零售总额的 16%。到 2019 年 5 月，我国已经累计注册跨境电商 300 多家，构建起一条“网上丝绸之路”。根据《2019 年度中国跨境电商市场数据监测报告》显示，2019 年跨境电商市场规模达 10.5 万亿，行业渗透率达 33.29%，出口占比 76.5%，进口占比 23.5%，投融资总额 214.7 亿元。

2017 年 6 月中国商务部审批通过中国互联网协会与创奇社交电商研究中心共同提出的《社交电商经营规范》标准。社交电商是基于人际关系网络，借助社交媒介（诸如微博、微信、抖音等）进行社交互动、用户自生内容等手段辅助商品的购买，同时利用关注、分享、互动等方式传播商品进而交易。“直播带货”成为 2020 年的热词，从薇娅与李佳琦的直播带货第一人之战，到第一代网红罗永浩，以及刘涛等明星的加入，可谓是直播带货风起云涌之年。其中“带货女王”薇娅年销售额达到 27 亿元，但这背后离不开一个强有力的运营团队，如图 1–2 调查结果显示，直播带货会引起很大一部分观看用户的消费欲望。

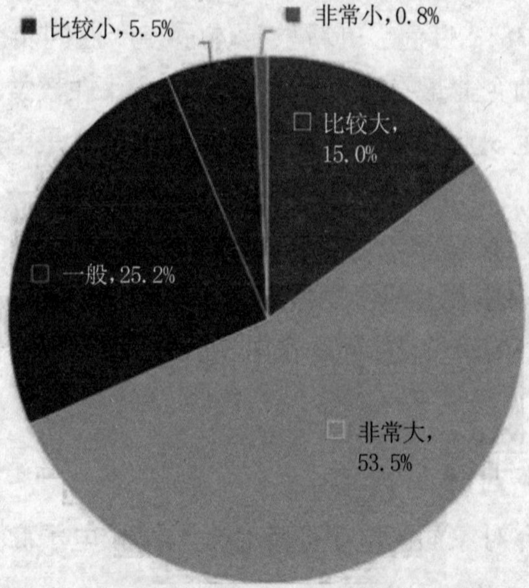

图1–2 2019年上半年直播带货引起消费欲望调查

随着传统电商人数趋于饱和，农村电商、跨境电商、社交电商等新型电商的发展，人才的需求却急不可待。《2019 年中国电子商务人才状况调查报告》显示，八成电商企业存在人才缺口，基础员工工作年限 71% 在一年以下，61% 的企业人力部门表示具有人员招聘压力，48% 的企业具有员工培训与开发压力。其中对新媒体、内容创作、社群方向的人才缺口最大（达到 47%），排在其后的是淘宝、天猫等传统运营人才（缺 44%），主播（助理）、网红达人方向人才（缺 35%），客服、地推、网销等方向人才（缺 32%），专业数据分析与应用人才（缺 30%），美工、视频动画制作、IT 方向人才（缺 23%）。根据教育部数据显示，2020 年高校毕业生创新高，达到 874 万人，而电子商务人才输出只有10万人，而这些新进人才85%是经过老员工以“传帮带”形式培养，有64%的人参加过公司集中统一培训，7%是经过在线培训课程，只有3%是经委托第三方培训机构培养完成。电商企业中有73%希望高校对电商人才培养加强实操性教学，61%的希望高校加强职业素质教育，38%的希望能够实现企业与高校协同育人，也有38%的希望更新教学体系与产业同步。由此可见，工作执行力是电商企业最看重的能力，加强实践性教学环节让学生学以致用，加强学生职业素质教育提升职业化水平，是电商企业最迫切的需求。

本专著正是在新型电子商务的爆发背景下，结合电子商务专业高校人才培养与电商企业人才需求的矛盾，提出关于电子商务社会培训课程体系的研究，进而培养出符合新型电子商务发展和企业需求的人才。

二、研究对象与内容

本专著研究对象面向电子商务企业与高校电子商务专业学生，主要内容包含：

1. 电子商务职业人才需求

通过分析电子商务行业状况、电商企业对人才的需求以及对相关典型的电子商务职业活动和职业能力的分析，说明电子商务职业人才的需求状况。

2. 电子商务社会培训指导方案

从人才培养的规格制定、课程体系的构建方案以及教学实施与评价方面建立电子商务社会培训指导方案。

3. 电子商务社会培训课程标准

阐述电子商务基础课程标准、淘系课程标准、京东课程标准、农村电商课程标准、跨境电商课程标准、直播电商课程标准、新媒体营销课程标准和短视频实操课程标准。

4. 电子商务社会培训体系构建

总结了电子商务的社会培训体系，并从教学体系建设、组织体系建设、保障体系建设、评价体系建设和运行机制建设进一步阐述电子商务社会培训体系的构建。

第二章　电子商务职业人才需求

第一节　行业状况分析

一、电子商务行业发展现状

移动终端和支付技术的进步助推电商在网民中的渗透率提升，电商体系在中国已发展成熟，用户规模逐渐触达网民规模天花板。随着电商的稳步发展，各大电商平台都不遗余力地开拓新的营销模式来增加消费者的欲望，目前最流行的消费模式是直播带货和社团团购。

（一）直播成新带货方式

淘宝：进一步加注直播电商的筹码。近年来，淘宝直播独立 App 正式上线，消费者可以通过 App 边看直播边购物；淘宝推出“启明星计划”，已有超过百位明星加入直播，在粉丝经济蓬勃发展的背景下，发挥出明星效应的作用。直播电商模式通过发挥明星、网红的带货能力，塑造消费者的互动场景，为消费者带来了新的体验。

拼多多:与快手合作，打通系统后台。引进部分快手的主播资源，商家可以根据自己的情况和产品的特点选择合适的主播。拼多多和快手拥有相似度较高的基础用户群，二者的合作，为拼多多打开了新的流量入口。

蘑菇街：正式建立第一个全球美妆供应链池，成为链接品牌商与主播的重要桥梁。供应链池为品牌商提供主播资源，通过后台数据分析，为品牌匹配到合适的主播。同时，供应链为主播打造选品库，提供海量高质量产品。

直播带货是从用户的角度介绍商品功能和使用效果，直接刺激消费者的购买欲望。权威数据显示，88.5% 的受访直播电商用户表示直播的方式能够强烈地刺激他们的消费欲望，约三成直播电商受访用户称每周会观看直播四到六次，直播俨然已经成为一种新的带货方式，渗透到消费者的日常生活（图 2–1）。

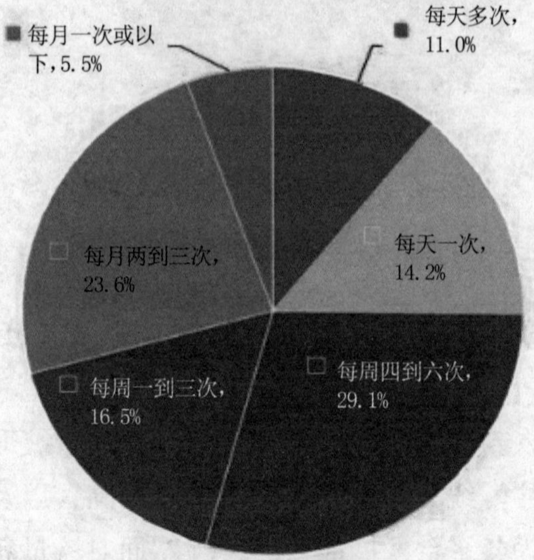

图2–1　用户观看直播带货频次调查

（二）社区拼团发展迅速

社团团购主打价格优势，通过团购方式增加用户参与度和联系度，打破地理的限制。权威数据显示，有社区拼团经历的用户会比较频繁地参与社区拼团。超六成的受访用户每周都会参与社区拼团。其中，27.6% 的受访用户每周会参与一到三次。超四成的用户称，优惠的价格是他们参与拼团最关注的因素，超过一半的用户表示对社区团购带来的优惠是比较满意的（图 2–2）。

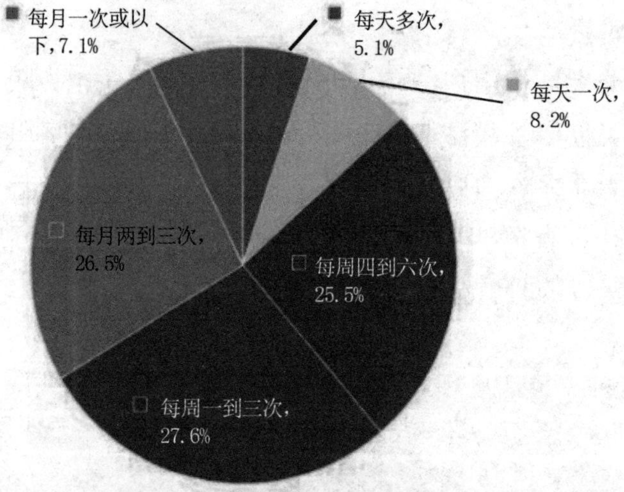

图2-2　用户参与社区拼团频次调查

二、电子商务行业趋势分析

（一）新零售时代流量获取话题突出、平台多样模式创新争取用户

电商行业进入新零售时代以来，关于用户流量获取的问题越来越受到各大平台关注。线上平台获客成本持续居高，以及发展线下带来的转型成本都成为各平台发展面对的考验。面对流量获取的问题，电商平台开始探索更多新型电商模式，如社交电商、直播电商等创新模式涌现，电商平台对于流量的争夺将趋于白热化。

（二）电商体系加速成熟、行业发展将更显规范化

中国消费者生活水平日渐提高、电商普及程度不断加强、国家政策鼓励电子商务业务的开展，多方因素推动着电商体系发展更加成熟。目前，中国电商行业已进入成熟发展阶段，电商在中国零售行业的位置越加重要。但与此同时，行业仍然存在诸多乱象，《电商法》的出台是政府重视行业规范发展的信号，未来相关监管措施仍会进一步加强。

（三）消费者电商购物更注重品质、平台背书影响力扩大

电商供应链环节的日益完善，使消费者多样化的消费需求得到满足，用户对于电商购物的关注也从商品丰富度、性价比，逐渐往商品质量保障方面转移。在消费升级的背景下，质量保障成为各大平台争取用户的关键。而随着电商行业发展逐渐往头部靠拢，未来平台背书的作用将更加明显，口碑建设的重要性越加突出。

（四）电商平台加强社交化布局、组团拼购模式发展速度提升

现阶段各大电商平台开始注重产品社交化布局，如纷纷进入拼购、社区拼团等细分赛道，平台在社交化领域的竞争开始受到关注。电商社交化运营模式是降低平台获客成本的有效手段，并且能有助于商家解决销路问题，整体发展迅速，未来入局到社交化运营的电商平台将继续增加。

（五）电商平台加码内容营销、视频成新阶段获客重要载体

在获客成本不断攀升的情况下，电商平台对于内容营销的重视程度不断提高。而消费者信息获取趋向碎片化，电商平台内容营销的模式也能有效切中用户需求。未来 5G 应用更加深化后，以视频为载体的内容营销模式将是平台获客的重要手段，能够从展现形式、增强消费者信息等角度更好地帮助产品销售。

（六）基础设施完善助力电商平台渗透加强、下沉城市争夺将更趋激烈

中国电商发展的基础环境正不断完善，如物流配送覆盖的地域、购物支付的便利性等，逐渐完善的基础设施也有助于电商平台对更多地区和人群的渗透加强。未来随着一、二线城市用户消费逐渐饱和，下沉市场将成为电商平台新的发展重点。

第二节　电子商务行业对人才的需求

2020年上半年，智库网经社电子商务研究中心与赢动教育共同发布了《2019年度中国电子商务人才状况调查报告》。根据报告显示，八成电商企业存在人才缺口，近三成有大规模招聘计划。

在电商企业招聘需求上，被调查企业中，根据企业实际发展情况招聘的占19%；员工规模会有大增长，有大规模招聘计划的占28%；会有招聘需求，员工规模小幅度增长的占52%；企业业务重组，会缩减企业员工规模的占1%。对比往年数据可知，有稳定招聘需求、规模小幅度增长的企业比例和2019年基本持平；大规模招聘计划的比例下降了4%；受企业转型或疫情影响，暂无规划的企业比例比去年上升了5%。根据调研，减少的主要是客服等基础岗位，新媒体、内容、社群等方面人才需求依然旺盛。在电商企业基础员工平均工作年限上，被调查企业中，客服、仓储等基础岗位员工平均工作年限3个月以下的占5%，3～6个月的占22%，6～12个月的占36%，12个月以上的占29%。

当前，国内出现企业用工荒与高校毕业生就业难并存现象。企业用工荒方面，原本每年春节过后，很多企业都会出现用工荒。此次“新冠”疫情之下，许多异地务工人员被滞留家中无法返岗，导致出现企业用工荒、员工待业闲等问题。复工复产之际，很多企业都面临招工难的问题，成为社会舆论聚焦的热点话题之一。高校毕业生就业难方面，据教育部数据显示，2020年应届高校毕业生有874万人，同比增长40万人，创历史新高。加上往届离校未就业的毕业生，就业的压力本来就比较大，又遭遇疫情突发，毕业生实习求职受到影响。2020年以来，疫情影响下首当其冲的还有互联网企业，资金链的危机之下，很多企员工也遭遇了降薪、裁员、停薪留职等诸多冲击。

但人才紧缺现象也一直存在，通过查看国内主要的网络招聘平台，包括大街网、猎聘网、中华英才网、智联招聘、拉勾网、58招聘、前程无忧、Boss直聘和内推网等发现，疫情下很多电商企业也逆势大举招聘。为缓解人才紧缺问题，3 月初，教育部公布《普通高等学校本科专业目录（2020 年版）》，其中，跨境电子商务成为新设的 51 个专业之一，全国七所高校获批开设该专业。跨境电商在国际贸易中越发重要，已成为我国对外贸易的发展趋势。

一、人才素质需求

在电商人才应具备的素质上，其中最重要的五项素质有：工作执行能力占比 69%，持续学习能力占比 63%，责任心和敬业度占比 46%，积极主动有目标感占比 34%，专业知识和技能占比 29%。据世界数据分析，连续三年，工作执行能力和持续学习能力一直排在前两位，也是刚毕业的大学生或实习生拉开差距最重要的影响因素。而责任心和敬业度是员工走向职业化的起始点，在被调查企业中占比达 46%，排第三位。电商企业对应届生或实习生的看法中，对于好高骛远、稳定性不高的毕业生，不予考虑的企业占 15%；若有符合岗位要求的会选择此类的人员，但会控制一定比例的企业占 35%；对于可塑性高、有激情的毕业生，会考虑录用此类人员、但需从基础岗位做起的企业占 49%。连续 5 年的数据可以看出，觉得应届生或实习生可塑性高，但需要从基础岗位做起的企业一直占最大比例，2020 年也达到 49%。因而，应届生或实习生需要积极规划自已、转变心态、持续地学习与实践，从而能适应市场的要求。在高校电商人才培养需要改进方面，被调查企业中，认为需要加强实操性教学环节的占 73%，加强学生职业素质教育的占 61%，企业与高校合作协同育人的占 38%，更新教学体系与产业同步的占 38%。

加强实践性教学环节、学以致用；加强学生职业素质教育，提升职业化水平，已经成为企业最迫切的两大核心需求。当前电商人才主要存在三大矛盾：一是电商行业的快速变化与人才不足之间的矛盾；二是电商企业对人才的要求与高校教育模式的矛盾；三是企业成本压力的不断上升与管理能力不强之间的矛盾。要解决这些矛盾的两大建议是：企业要升级人力资源管理系统；高校和社会培训机构要升级当前人才教育模式。

被调查企业中，人员比较稳定，能满足企业运营要求的占 33%；处于招聘常态化，每个月都有招聘需求的占 25%；处于业务规模扩大、人才需求强烈，招聘工作压力大的占 31%；人员流失率高、人员不稳定，招聘难度大的企业占 11%。对此，56% 的电商企业处于招聘常态化或人才需求强烈的状态，相比其他行业，电商行业人才需求仍然旺盛。相比 2018 年，人员比较稳定，能够满足运营需求的比例上升了 4%，说明企业在人才建设方面有了一定的提升。

在困扰人力资源部门的问题排名上，被调查企业中，人员招聘压力占 61%，员工培训与开发能力占 48%，绩效管理压力占 37%，人员流失压力占 32%，薪酬增长压力占 27%，企业文化与员工关系压力占 22%。虽然电商企业在人才管理方面的水平有了一定的提升，但人员招聘压力大的企业占比达到了 61%，相比 2019 年上升 4%，情况仍然没有大的改善。

二、人才培训需求

电商企业培训新人常用方式中，老员工“传帮带”形式占到 85%，公司集中统一培训占到 64%，在线培训占 7%，委托第三方机构培训占 3%。电商行业的强实践性，决定了老员工传帮带会成为新人培训的最主要方式。公司集中统一培训主要适用于通用课程或一些专业培训上，未来，知识类、基础类的课程会逐步转移到线上来。

在电商企业招聘员工综合成本上，被调查企业中，普通员工招聘每人成本在 200 元以下的占 24%；200 ~ 400 元的占 33%；400 ~ 600 元的占 21%；600 元以上的占 22%。在电商企业中，不仅复合型高级人才招聘成本高，普通员工的招聘成本也在不断上升，其中，成本在 600 元 / 人以上的企业比例已经连续 2 年上升，和 2019 年相比又上升了 3%。而企业人才结构的变化及匹配人才难找，进一步加大了招聘成本压力。

三、人才专业需求

被调查企业中，47% 的企业急需新媒体、内容创作、社群方向人才，44% 的企业急需淘宝、天猫等传统运营人才，35% 的企业急需主播（助理）、网红达人方向人才，32% 的企业急需客服、地推、网销等方向人才，30% 的企业急需专业数据分析与应用人才。对此，新媒体、内容创作、社群方向的人才需求已经成为电商企业的第一需求。同时，主播（助理）、网红、达人方向人才需求增长迅速，达到了 35%。通过调研还发现，很多电商企业逐步认识到数据的重要性，专业数据分析与应用人才的需求量越来越大。

除了淘宝、快手和抖音外，京东、苏宁易购和拼多多等平台也持续加码直播带货。不仅主播带火了电商直播，疫情期间，宅经济也给直播带货增添热度，众多线下商家纷纷入局，加快了直播带货的发展速度。

四、人才来源需求

电商企业人才来源渠道上，被调查企业中，依托传统招聘网站招聘的占 87%，第三方专业人力资源服务商的占 42%，通过企业内部培养提拔的占 37%，与高校建立合作并接收电商专业毕业生的企业占 28%，依托社会人才市场招聘的占 16%。传统招聘网站、专业第三方人力资源服务商、企业内部培养仍然是电商企业人才来源的三大渠道。

在被调查的电商企业中，“90 后”员工占 40% 以下的企业只有 8%；占 40% ~ 60% 的企业有 16%；占 60% ~ 80% 的企业有 23%；占 80% 以上的企业有 53%。从数据可以看出，“90 后”员工已经成为电商企业的中坚力量。其中，占 80% 以上的企业比例已经达到了 53%，相比 2019 年提升了 8%。

在电商企业留人措施排名上，被调查企业中，具有竞争性的薪酬体系占 83%，良好的企业文化占 77%，完善的培训晋升制占 69%，解决员工关心的问题占 51%，针对性的职业生涯规划设计占 35%，有吸引力的股权激励占 24%。连续 5 年，有竞争力的薪酬、良好的企业文化、完善的培训晋升制度是电商企业留住人才最关键的三大措施。

在电商企业员工年流失率上，被调查企业中，10% 以下的企业占 24%；10% ~ 20% 的企业占 33%；20% ~ 30% 的企业占 26%；30% ~ 50% 的企业占 11%；50% 以上的企业占 6%。从数据来看，年流失率达到 20% 以上的企业比例占到 43%，这和其他行业相比，还是一个比较高的数值。说明企业在选人、育人、用人和留人等人力资源管理方面，还有很多问题需要优化和解决。

电商企业影响员工能力发挥原因上，被调查企业中，员工自身能力问题占 78%，发展机遇问题占 42%，激励机制问题占 42%，领导重视与否问题占 24%，企业文化问题占 19%，人际关系问题占 17%。

第三节　典型职业活动和职业能力分析

电子商务专业就业岗位分析如表 2–1 所示。

表2–1　就业岗位分析表

序号	就业岗位	岗位核心能力要求	与核心能力对应的课程	相关证书要求
1	网上国际贸易	进行外贸业务所必需的英语口语、函电撰写和电子商务平台的操作能力	国际贸易实务、英语听力、英语口语、商务英语函电、外贸单证实务	外贸单证员、跟单员、阿里巴巴电子商务（外贸）网络营销师、助理电子商务师
2	网络营销	市场调查与分析、营销策划、谈判与签约能力	市场调查与预测、网络营销、商务谈判	助理电子商务师、助理营销师、网络营销师
3	电子商务客户服务	准确把握、满足客户需求和良好的沟通表达能力	客户关系管理、商务礼仪	助理电子商务师、助理营销师、网络营销师
4	网络信息编辑	图像处理、网页设计与制作、信息的编辑能力	Photoshop图像处理、多媒体与网页设计、网络编辑实务	网页设计师、助理网络编辑师

续表

序号	就业岗位	岗位核心能力要求	与核心能力对应的课程	相关证书要求
5	网络零售运营与管理	电子商务综合运营能力和较强的创新、创业素质	各专业课程、网店经营实训、大学生就业指导	淘宝网店运营人才、助理电子商务师
6	网页设计制作	计算机操作能力、平面设计能力、网页设计能力	网页美工设计、网页设计与制作、PHP网站设计	网页设计师
7	电子商务网站建设	网络营销能力、电子商务网站建设与维护能力	网络营销、电子商务网站建设与维护	助理电子商务师、助理营销师
8	程序设计	计算机操作能力、程序编写和调试能力	计算机文化基础、程序设计基础、Java程序设计	国家或省级计算机二级（C语言）

传统的电子商务专业教育模式存在着专业定位不清、就业岗位不明、只注重理论、课程开设杂乱、与实际需求脱节、教学模式单一等问题，已不能适应社会对电子商务专业人才的需求。因此，我校（安徽国际商务职业学院）在总结传统培养模式弊病的基础上，结合行业特色对电子商务社会培训进行了探讨并试行，取得了一定成效。

一、积极探索具有行业特点的社会培训模式

我校改变传统的“万金油”式的培养方式，尝试解决专业培养目标定位过于宽泛、就业岗位不明的问题。学校结合行业特色和就业渠道优势进行市场细分，选择了以对外网络贸易为主兼内贸的专业方向，培养能运用现代的网络技术和电子商务手段开展商务活动的应用型人才。随后，考虑到电商专业的均衡性，我校又增设了技术方向，进一步培养具有电子商务行业相应岗位必备的理论基础和专业知识，具有较强的网站建设与管理、网页设计、程序设计与开发等能力，具有良好的职业道德、创业精神和健全的体魄，能从事电子商务网站规划与设计、网络编辑维护、电子商务后台程序开发等工作的高素质技能型人才。

二、以就业岗位为中心设置培训课程

根据这一思路，对电子商务发展现状和人才需求情况进行了充分

调研，对职业岗位进行了分析，归纳出职业岗位的典型工作任务以及对职业能力的要求，并邀请重点高校教授、电子商务相关企业的专家进行剖析。在此基础上，根据工学结合的要求，对原有学科体系下的课程结构进行解构，以适度、够用为原则，在内容排序上根据工作过程进行重新排序，对知识点进行重新组合，充分体现职业性、实践性和开放性的要求。

电子商务专业岗位典型工作任务及技能要求如表 2–2 所示。

表2–2　岗位典型工作任务及技能要求

职业岗位	典型工作任务	核心职业岗位技能
外贸电子商务	1.网上洽谈 2.网上函电往来 3.网上单证处理 4.网上订单处理 5.电子合同签订 6.网上支付与结算 7.购销存管理 8.物流配送 9.会计核算分析	进行外贸业务所必需的英语口语、函电撰写和电子商务平台的操作能力
网络营销	1.市场调查设计 2.市场调查执行 3.商情分析 4.营销方案策划 5.产品推销 6.网上信息检索与发布	市场调查与分析、营销策划、谈判与签约能力
电子商务客户服务	1.客户开拓管理 2.商务沟通交流 3.客户接待与纠纷处理 4.在线服务业务 5.服务档案管理 6.呼叫中心业务	准确把握和满足客户需求、良好的沟通表达能力

续表

职业岗位	典型工作任务	核心职业岗位技能
网络信息编辑	1.网站栏目策划 2.内容采编 3.网页设计制作 4.图像与动画处理 5.商务信息写作 6.商务信息更新	图像处理、网页设计与制作、信息编辑能力
网络零售运营与管理	1.网上开店准备 2.网上开店的基本流程 3.商品图片拍摄与处理 4.店铺装修与推广 5.支付与风险管理 6.物流管理 7.客服管理	电子商务综合运营能力和较强的创新、创业素质

三、推进和完善了两段式培训模式

第一阶段将文化基础教育和素质拓展训练相结合，突出学生的基本素质教育、职业养成教育，加强文化基础知识和专业基础知识学习，重视基本技能训练。第二阶段以专业技能的学习和训练为主，重视学生学习与实际工作的一致性，推进职业资格证书考试，强化学生技能培养，同时以岗位实训为主，根据学生的选择和企业的需求进行订单式训练，以保证学生顺利进入相应单位进行毕业顶岗实习，以促进就业。全面推行岗位实训，保证学生岗位实训既有学习任务，又有实践任务，做到学习与实践相结合，加强岗位实训过程管理。

四、课程标准与职业标准对接，实施“双证融通”

课程标准与相关职业标准对接，课程教学内容与相应岗位的应知、应会相衔接，课程的理论考试与职业技术等级考核相融通，实践技能考核与职业资格证书考核相融通。实践教学效果以完成实际的项目、作品为评判依据。人才培养模式改革进一步强调了教学内容与职业资格证书的培训内容相互融合沟通。

在教学过程中，通过整合必备的基本理论知识，删除那些理论性较强的知识和内容，将考证课程融入课程体系中，引入职业资格证书标准，强调教学内容与岗位实际需要的对接，强调实践能力的培养，突出实践教学，使学生在获得专业知识的同时，能顺利获得相应职业资格证书。证书的种类在原有的计算机二级、助理电子商务师的基础上，增加了外贸单证员、助理营销师、网络编辑员、网店运营专才等，力争通过社会培训阶段把学生培养成技能高手，提升择业竞争能力。

第三章　社会培训指导方案

第一节　人才培养规格

一、培养目标

以服务区域经济发展、面向企业用人需求为导向，以职业能力培养为主线，面向互联网和相关服务业、批发业、零售业等行业，培养具有一定的文化水平、良好的职业道德、人文素养和创新意识，掌握本专业必备的现代商务管理、信息技术知识与技能，熟悉电子商务业务与技术规范，能够从事网络营销、网络推广、网店运营与管理、网络编辑等工作的德智体美劳全面发展的社会主义劳动者和技术技能人才。

二、培养规格

应在素质、知识和能力方面达到以下要求。

（一）素质方面

坚定拥护中国共产党和我国社会主义制度，在习近平新时代中国特色社会主义思想指引下，践行社会主义核心价值观，具有深厚的爱国情感和中华民族自豪感。

崇尚宪法、遵法守纪、崇德向善、诚实守信、尊重生命、热爱劳动，履行道德准则和行为规范，具有社会责任感和社会参与意识。

具有质量意识、环保意识、安全意识、信息素养、工匠精神、创新思维、全球视野和市场洞察力；具备开放平等、协作、共享的互联网思维；具备互联网时代的契约精神、创新精神和创业意识；具备勇于奋斗、乐观向上的信念。

具有自我管理能力、职业生涯规划的意识，有较强的集体意识和团队合作精神。

具有健康的体魄、心理和健全的人格，掌握基本运动知识和一两项运动技能，养成良好的健身与卫生习惯、良好的行为习惯。

具有一定的人文素养和审美情趣，能够形成一两项艺术特长或爱好。

（二）知识方面

掌握必备的思想政治理论、科学文化基础知识和中华优秀传统文化知识。

熟悉与本专业相关的法律法规以及环境保护、安全消防等相关知识。

掌握计算机应用、网络技术的基本理论，电子商务的基本理论以及新技术、新业态、新模式、创新创业相关知识。

掌握互联网资料查询、调研及撰写调研报告的方法。

掌握市场分析、消费者行为分析及营销策划的方法。

掌握商品拍摄、图形图像处理，以及内容编辑、互动组织和网页设计知识。

掌握网店基础及客服、美工、运营推广、数据分析等专项知识。

掌握互联网产品的开发、选品、采购和推广知识。

掌握主流电子商务平台的运营规则和推广方式，各类跨境电子商务平台和新媒体营销运营的基本方法。

（三）能力方面

具有探究学习、终身学习、分析问题和解决问题的能力。

具有良好的语言、文字表达能力和沟通能力。

具备办公自动化设备和软件的使用能力；具备利用计算机网络搜

集信息、处理信息的能力。

能够根据摄影色彩、构图策略进行创意拍摄，制作突出商品卖点的商品照片；能够运用相关软件对图片进行处理，提高用户关注度。

具备运用网页制作工具设计和制作商务网页，能够根据要求进行网站内容编辑。

具备网店设计与装修能力，能够根据产品页面需求，进行页面设计、布局、美化和制作。

能够根据网站（店）推广目标，选择合理的推广方式，进行策划、实施和效果评估与优化。

具备互联网产品的开发、选品、采购和推广的能力。

能够根据运营目标采集电商平台数据，并依据店铺、产品和客户等各类数据，对其进行分析预测。

能够正确地应对客户咨询、异议，处理客户投诉，进行客户个性化服务等。

具备运用供应链管理和相关信息技术对现实物流活动进行分析的能力。

具备软文写作与营销技巧的能力，具备新媒体活动、产品、用户、内容运营能力。

具备移动电子商务的管理、运营能力。

三、人才培养模式

结合电子商务行业发展的新形势，以及电商企业对电商人才知识能力结构要求的变化，以课程内容和课程体系改革为重点，以应用型师资队伍建设为保障，强化对电商人才实际应用能力的培养，构建“四真四化”人才培养模式，即“真实企业化环境、真实企业项目、真实企业导师、真实企业运营”和“岗位认知模块化、专业教育技能化、课程学习流程化、创新创业教育经常化”。

第二节　课程体系

课程体系包括基础教育课程和专业（技能）课程。

一、基础教育课程

开设《思想道德修养与法律基础》《综合英语》《计算机文化基础》《职业规划与就业指导》《创业基础》等课程。

二、专业（技能）课程

（一）电子商务概论

1. 课程目标

通过本课程的学习，使学生全面系统地掌握电子商务概论的基本概念和基本理论，对电子商务运行有一个比较全面的了解，建立起电子商务概论的基本思维框架，为进一步学习其他专业课程奠定理论基础。

2. 主要内容

电子商务的概念、分类及发展；电子商务商业模式的分类、电子商务的盈利模式；电子商务系统结构、网络技术基础、网站建设相关技术；网络营销策略、网络营销常用方法及其应用；电子货币、电子支付系统、网上银行；电子商务下的物流配送、物流信息技术；电子商务主要安全技术、电子商务安全技术协议；电子商务法律概述、中国主要电子商务法律制度；移动商务基础、移动商务应用。

3. 教学要求

了解电子商务的产生起源、发展趋势及应用，理解电子商务与传统商务的区别，掌握电子商务的基本框架；理解电子商务交易的过程，掌握主要电子商务交易模式的概念及特点；了解电子商务相关的基本网络技术、网站开发技术；了解网络营销的相关策略，掌握网络营销的常用方法及其应用；理解电子货币和电子支付在电子商务中的作用，掌握电子货币、电子支付系统、第三方支付等概念及特点；了解电子商务下的物流配送管理及物流信息管理，以及物流的主要信息技术；

理解电子商务的安全控制要求和安全管理，了解数字加密、数字签名等主要安全技术和主要的安全交易协议；掌握电子商务法律的概述及特点，了解主要电子商务法律的内容，理解电子商务中的法律热点问题；掌握移动商务的基本概念，了解移动商务的支撑技术、价值链及商务模式，掌握移动商务的应用。

（二）网店运营

1. 课程目标

通过本课程学习，学生可掌握以淘宝为主要平台，兼顾天猫、京东、拼多多等多个电子商务平台的基本操作和运营技巧，包括活动策划、在线宣传推广、活动策划、品牌定位包装及日常运营。根据网站营销数据进行深入分析，对每个产品运营情况进行评估，提炼卖点，指导美工进行页面优化，提升搜索量，促进销量等。

2. 主要内容

市场调研与商家规划；店铺申请、初始化及平台规则；淘系网店推广；店铺活动与促销；淘系客服与物流；行业分析与店铺运营效果分析；移动网店运营；跨境电商网店运营。

3. 教学要求

学生应能通过百科类网站全面认识某类商品和行业；通过百度指数、阿里指数、谷歌趋势或生意参谋了解该行业市场发展趋势，测算市场容量、细分行业趋势和容量；能对自身店铺进行人员规划，岗位分工；能对自身店铺产品进行分类和定价；掌握店铺基本设置、子账号设置、运费模板设置、发布宝贝；掌握商品拍摄和网店装修；掌握标题优化和商品描述；了解客服工作的分类、基本要求和工作流程；熟悉淘系物流工作的主要任务和事项；掌握微店运营中的关键要点；了解跨境电商平台及交易流程。

（三）市场营销基础

1. 课程目标

本课程的主要目标是使学生理解市场营销学的性质、研究对象，明确市场营销管理的任务，掌握市场营销管理的发展、演变；掌握战略计划过程的主要步骤，熟悉评价企业战略业务的主要方法，以及发展新业务的主要途径和方法；了解市场营销环境对市场营销管理的重要影响作用，理解微观环境与宏观环境的主要构成，掌握分析、评价市场机会与环境威胁的基本方法，熟悉企业面对市场营销环境变化所应采取的对策。

2. 主要内容

市场营销与市场营销管理、消费者市场购买行为；竞争者分析、市场细分、目标市场及其策略、市场定位；产品生命周期；影响定价的主要因素、产品定价的策略；分销渠道设计与管理；公共关系策略。

3. 教学要求

了解影响市场购买行为的主要因素，正确认识市场购买行为的主要类型；了解竞争者分析的一般方法；掌握市场细分的主要变量和方法，目标市场选择的主要考虑因素以及市场定位的依据和方法；掌握产品组合决策、品牌决策、包装决策的基本内容，了解产品生命周期的应用以及新产品开发的基本原理；了解影响定价的主要因素，掌握定价的基本方法，理解各种常用的定价策略；理解促销组合决策的基本内容，掌握确定广告预算的主要方法，熟悉广告媒体的选择与广告效果的测量；掌握人员推销的特点和人员推销策略的主要内容，熟悉销售促进和公共关系等基本原理。

（四）网店客服

1. 课程目标

通过本课程学习，培养学生树立先进的客户服务理念和团队合作意识，掌握高超的客户服务技能，使学生能够在客户服务岗位上完成受理客户咨询、促成客户交易、处理客户投诉等工作，并能在工作中自我调节工作情绪和压力，为毕业后直接上岗从事客户服务工作奠定坚实的理论和实践基础。

2. 主要内容

客服的基本素质及技能；网店客服工具的使用；迎接问好、疑问解答、产品推荐、促成订单及订单确认的要求与技巧；催付时机的把握、催付工具的掌握；售后客服处理基本思路；查件及查单处理；退款及退换货处理；售后和投诉；评价管理；电话沟通技巧。

3. 教学要求

理解网店客服应具备的相关素质；掌握沟通流程及成功沟通关键要素；熟悉常用网店客服工具的使用；掌握售前客服的主要内容及技巧；掌握订单处理知识和售中接待流程中解决问题的能力；掌握售后处理知识和售后服务过程中解决问题的能力；理解客服评价标准。

（五）Photoshop 图片制作软件的学习

1. 课程目标

通过本课程学习，培养学生视觉营销的基本理念和团队合作意识，使学生熟练掌握图片处理软件的基本操作，理解图层蒙版的基本原理，能够在图片拍摄之后完成瑕疵修复、抠图、投影制作等图片美化工作，为网店美工岗位工作奠定坚实的实践基础。

2. 主要内容

视觉营销基本概念，色彩搭配原理；选区工具的使用，商品与图片背景的分离；裁剪工具的使用，根据不同电商平台的要求完成商品图片的裁剪；瑕疵修复工具组的使用，图片瑕疵水印的修复；形状工具、文字工具的使用，海报、logo 的基本设计。

3. 教学要求

掌握图片处理软件的基本操作；掌握 Photoshop 中的选区工具；掌握裁剪与切片工具，能够将商品图片进行合理裁剪或切片；掌握各类瑕疵修复工具，能够将商品图片上的瑕疵或水印修复；掌握文字工具的使用、了解海报文字的基本设计方法；掌握形状工具、了解形状工具在 logo 设计中的基本思路。

（六）国际贸易理论与实务

1. 课程目标

通过本课程的学习，使学生掌握出口贸易业务的各主要环节流程，了解在外贸实践环节中涉及的证书、文件、单据等，掌握与国际贸易相关的法律、国际规则与惯例在实践中的恰当运用，为学生进行跨境电商实务操作提供了理论基础和实践参考。

2. 主要内容

国际贸易的基本概念；重商主义、绝对优势理论、比较优势理论；保护贸易理论与政策；国际货物买卖合同标的物条款；国际贸易术语；国际货物运输条款；国际货物运输保险条款；国际贸易业务中的核算；国际货物买卖合同。

3. 教学要求

掌握国际贸易的基本概念和分类；了解重商主义、绝对优势理论、比较优势理论的主要内容；了解国际贸易政策的内涵、目的、分类；了解关税壁垒、非关税壁垒、鼓励出口政策的作用；掌握品名、品质、数量、包装的基本知识；掌握海运、适合各种运输方式的贸易术语；掌握国际货物运输方式的类型；了解国际贸易运输条款；掌握保险的基本知识和原理，了解具体的保险条款；了解投保的办理和保险费的计算；了解国际贸易业务中的出口成本核算、术语的报价换算、出口报价核算和进口成本核算与报价；了解国际贸易结算方式；了解国际货物买卖合同的基本内容。

（七）电子商务物流

1. 课程目标

通过本课程学习，使学生掌握现代物流管理基础知识、基本理论，掌握现代物流管理相关操作方法和技能，并能理论联系实际，培养学生的分析问题、判断问题和解决问题的能力，为从事电子商务工作打下基础。

2. 主要内容

物流的含义及作用；物流与电子商务的关系；电子商务环境下物流的发展趋势；电子商务商业模式的种类；电子商务环境下的物流模式；B2B、B2C、C2C 电子商务物流运作模式的选择；电子商务采购与库存管理；电子商务环境下的仓储管理；电子商务环境下的配送模式；电子商务环境下的配送中心；电子商务环境下的供应链管理；电子商务物流信息技术。

3. 教学要求

理解物流的含义及作用；认识物流与电子商务的关系；了解电子商务环境下物流的发展趋势；理解电子商务商业对物流提出的要求；熟悉电子商务下不同物流模式的特点；了解 B2B 模式下的物流配送问题，掌握 B2B 电子商务物流模式的选择；了解 B2C 模式下的物流配送问题，掌握 B2C 电子商务物流模式的选择种类；了解 C2C 模式下的物流配送问题，掌握 C2C 电子商务物流模式的选择种类；理解库存管理思想，掌握电子商务下企业的“零库存”管理；熟悉电子商务环境下仓储业务作业过程；了解电子商务环境下配送的含义；熟悉电子商务环境下的配送模式；了解电子商务环境下配送中心的内涵；熟悉电子商务环境下供应链管理的具体方法；了解电子商务环境下的物流信息技术。

（八）网络营销

1. 课程目标

通过本课程的学习，使学生掌握网络营销的基本理论、方法和应用技巧，从实践的角度分析把握网络营销在现代企业的应用规律和操作机制。通过讲授、案例分析和讨论、上机实习，使学生掌握运用互联网开展营销等商务活动的一般理论、操作方法及应用技巧，使学生的知识结构紧跟时代发展的需要，具备从事网络营销的基本技能。

2. 主要内容

网络营销的产生与发展；网络营销相关理论与理念；网络营销相

关理论与理念；网络营销目标市场分析；网络市场调研；网络营销战略；网络营销策略；搜索引擎营销；网络广告营销；微博营销；微信营销；其他常见营销工具。

3. 教学要求

了解网络营销基本概念，掌握网络营销特点，了解网络营销发展趋势；了解网络营销的几种理念与理论，并学会运用；了解网络营销市场的宏观、微观分析，掌握网络消费者的行为分析；学会网络市场调研的步骤和方法，能够设计网络调研计划书；理解影响营销战略抉择的因素，掌握常见的网络营销战略模式，掌握网络营销战略分析；掌握网络营销的产品策略、价格策略、促销策略、渠道策略、品牌策略、网页策略和顾客服务策略；掌握搜索引擎的基本原理和主要模式；理解网络广告的本质及价值，掌握网络广告的各种形式、网络广告的评估；学会使用微博，会利用微博进行营销推广；掌握微信营销的方法和技巧；掌握 SNS 营销、论坛营销、分类信息推广、新闻营销及其他营销工具的特征及使用方法。

（九）软文写作与营销技巧

1. 课程目标

在《网络营销》课程的基础上，通过本课程的学习，使学生掌握软文写作的各类技巧，具备一定的文字编辑、文案策划和网络营销推广能力，使学生的知识结构紧跟时代发展的需要，进而提升网络营销技能。

2. 主要内容

软文营销的概述；软文营销的常规操作步骤；软文营销的策略与技巧；搜索营销与软文营销；软文创意角度；软文撰写攻略；危机公关软文写作；软文营销的误区；软文营销的风险以及防范；软文营销常用工具；软文营销常用平台。

3. 教学要求

理解软文营销的概念、软文和软文营销的区别、软文营销的优势和缺点；熟悉软文营销调研、策划、撰写、发布、评估的常规操作步骤；掌握软文营销的分层、整合策略和创意、说服、感召技巧；理解 SEM 概念、软文与搜索的关系；掌握关键词的设置、软文中关键词的植入、网络软文如何与 SEM 结合；掌握软文创意的手法、原则、经典类型和具体方法；掌握软文标题、开头、正文、结尾的撰写方法，掌握软文中行动目标的植入、排版中的规则；了解危机公关软文的操作原则和写作技巧；了解如何避免软文营销的误区；了解软文营销操作、道德、法律、投入等层面的风险；掌握搜索引擎、站长、导图、微信公众号排版、HTML5 页面制作等工具的使用；了解猪八戒、传播易、微播易等软文营销常用平台。

（十）移动商务基础

1. 课程目标

本课程在电子商务专业的人才培养中突出移动互联网时代的到来给电子商务带来的新变化和契机，让学生能与时俱进地将电子商务的商业模式运用到移动商务活动中，重在探讨和研究移动电子商务的应用。同时为今后走上实际工作岗位，为企业提供好的移动商务解决方案起到很好的实践应用作用。

2. 主要内容

移动电子商务的概念与特点；移动电子商务的技术支撑与它的社会作用；移动电子商务的应用；移动组网技术；移动通信发展；无线因特网无线应用协议；移动电子商务应用的内涵和本质特征；移动电子商务应用模式的特征和类型；移动电子商务运营模式；移动电子商务产业价值链的概念、生成和演进；移动电子支付概念；手机银行业务；移动电子支付的几种运营模式；移动短信服务、定位服务、搜索服务、应急服务；移动数据通信服务；移动电子商务交易相关服务；移动电子商务的市场目标与定位；移动电子商务的 4P 策略；移动电子商务的 4C 策略。

3. 教学要求

了解移动电子商务的概念与特点；掌握移动电子商务的技术支撑与它的社会作用；了解我国移动电子商务的应用；熟悉移动组网技术；了解移动通信发展；了解无线因特网无线应用协议；了解移动电子商务应用的内涵和本质特征；熟悉移动电子商务应用模式的特征和类型；掌握移动电子商务运营模式；了解移动电子商务产业价值链的概念、生成和演进；了解移动电子支付概念；熟悉手机银行业务；掌握移动电子支付的几种运营模式；熟悉移动短信服务、定位服务、搜索服务、应急服务；掌握移动数据通信服务；掌握移动电子商务交易相关服务；理解移动电子商务的市场目标与定位；掌握移动电子商务的4P、4C策略。

（十一）网店美工

1. 课程目标

通过网店美工课程的学习，培养学生电商平台美工岗位的设计理念和创新思维。掌握高超的图片处理技能，使学生能够在网店美工岗位上完成logo设计、轮播海报设计、商品主图设计、商品详情页设计，PC端、移动端、跨境端的店铺装修。在掌握Photoshop软件使用的基础上，胜任不同类型电商店铺的视觉营销、网店美工岗位。

2. 主要内容

店招、店标、logo设计；店铺活动海报设计；商品主图设计与商品详情页设计；PC端店铺装修技巧；移动端电商店铺装修技巧；跨境电商店铺装修技巧；视觉营销效果评价与效果控制。

3. 教学要求

理解电商店铺装修的常用名词；掌握店铺海报的设计思路、商品与文案的不同布局方式，可以针对不同商品特点完成布局；掌握商品主图的裁剪与设计、商品详情页的基本组成要素，可以针对不同商品与不同平台完成商品设计；了解网店logo的设计思路；掌握对店铺视觉营销效果进行数据化评价与控制的方法，从而促进点击，提高转化。

（十二）数据化营销

1. 课程目标

通过课程的学习，使学生了解流量、成交转化率、客单价等常见店铺数据。掌握数据分析基本原理和方法。掌握基本的数据处理工具，使学生能够在数据分析专员岗位上完成基本数据获取、清洗、处理、分析及数据分析报告的撰写等日常工作，为毕业后直接上岗从事数据分析工作奠定坚实的理论和实践基础。

2. 主要内容

数据分析基本概念、应用领域与基本流程；淘宝店铺供应商资料、商品资料数据管理；成交转化率、网店访问量的分析与优化；商品名称、关键词、定价、评价的数据化分析；顾客画像绘制；行业发展、热卖区域分析；竞争对手分析；高级数据分析基础；SPSS 软件的使用；利用 SPSS 软件对网店相关数据进行统计描述、相关性分析、聚类分析等。

3. 教学要求

理解数据分析专员应具备相关素质；理解数据分析基本概念与基本流程；熟悉常用数据分析工具 Excel 与大规模数据 SPSS 软件的基本操作和分析功能；掌握电商数据的获取，能够线上、线下获取全面有效店铺数据；掌握相关数据的清洗、整理方法；掌握店铺相关指标如点击率、转化率、客单价等分析与优化技巧；掌握分析竞争对手、分析行业数据的能力。

（十三）网页设计与制作

1. 课程目标

本课程全面介绍网站建立与网页制作的有关知识以及网页设计与制作流行软件 Dreamweaver、Fireworks、Flash 的操作使用方法，目的是使学习者全面掌握网站建立、管理与发布的全过程以及网页设计与制作的常用技术和方法，使学习者能够应用网站与网页技术发布、传播多媒体信息，以适应现代网络社会的需要。

2. 主要内容

Dreamweaver 的基本操作；制作与修饰网页；网页特殊效果设计；发布和管理网站；WWW、HTTP、HTML、CSS 的定义、概念和作用；Dreamweaver 中 CSS 的定义和使用；JavaScript 脚本语言的基本语法；面向对象程序设计思想；Fireworks 的基本操作；网页设计中所需素材的制作和处理；动态网页的含义，动态网页留言板的制作。

3. 教学要求

会使用 Dreamweaver 网页设计工具制作网页；理解 HTML 语言中的标记设置颜色、文本格式和列表；熟练掌握颜色值的配置和背景图案的设置方法，熟练掌握字符、链接颜色的设置方法；熟练掌握网页设计中字符格式的设置方法，段落分段与换行的方法；掌握 HTML 的语法结构，掌握 HTML 语言中标记的使用方法；掌握在网页中添加 CSS 的方法；掌握在网页中嵌入图像的方法，掌握与嵌入图像相关标记的用法；掌握与图像布局和位置相关标记的概念和用法；熟练掌握使用绝对和相对 URL，创建超链接、图像链接；学会图像映射的建立方法；熟练掌握表格的使用方法，会用表格布局并设计网页；掌握框架制作网页的方法，会使用框架设计网页；掌握制作表单的方法，会利用表单建立交互式页面；掌握 JavaScript 语言的语法；掌握在 HTML 语言代码中嵌入 JavaScript 代码的方法，能看懂 JavaScript 特效网页源代码；学会修改 JavaScript 代码，实现不同的特效网页效果；学会使用 JavaScript 语言实现网页特效。

（十四）搜索引擎优化 SEO

1. 课程目标

通过本课程的学习，使学生掌握搜索引擎营销推广中主流的操作方式和优化分析方法，促进搜索引擎营销推广在实践中的应用，使学生的知识结构紧跟时代发展的需要，进而提升网络营销技能。

2. 主要内容

搜索引擎营销的概念、工作原理；网站内外部优化；SEO 效果监测及优化策略；SEO 作弊及惩罚；竞价账户的搭建；数据分析；账户优化。

3. 教学要求

了解搜索引擎营销的概念、服务方式、基本流程和工作原理；理解 SEO 的概念、作用，了解 SEO 的应用领域，理解 SEO 与域名、服务器、网站程序的关系；理解关键词的概念；掌握目标关键词、长尾关键词、相关关键词的含义；理解选择关键词的原则、关键词竞争度判断、关键词的确定与扩展、网站关键词的分布；了解网站内部链接概念及优化技巧；了解网站外链概念、作用、类别和外链建设；了解网站流量统计分析、网站优化流程和 SEO 常见问题；了解常见的 SEO 作弊方法、搜索引擎惩罚机制；掌握开通推广账户、登录推广账户的方法，掌握竞价推广的基本流程、百度推广账户常用工具；了解账户数据分析的作用、常用数据分析方法；了解账户优化的思路与流程。

（十五）跨境电商实务

1. 课程目标

通过本课程的教学，使学生熟悉并学会利用电子商务平台开发外贸客户的基本思路和基本方法，能够掌握客户开发过程中的一些具体处理的技巧及客户跟进、客户管理的措施，使学生掌握跨境电商的基础知识、初步具备进行跨境电商实务操作的各项专业基本技能。

2. 主要内容

客户开发的前期准备；注册网店、熟悉平台规则；选定产品并进行价格核算；选择产品类目；拟定产品应为标题，填写产品属性；产品发布和优化；国际物流与货物运输；海外营销；纠纷处理。

3. 教学要求

了解出口贸易流程、熟悉主要办公设备的基本构成和用途；熟悉网店注册流程、掌握平台规则；熟悉采购产品的原则；了解产品及其背景行业并熟悉其英语表达方式；掌握关键词的选定方法；能够进行主图及详情页的制作，完成产品发布；掌握国际物流的种类、实现国际物流的选择；能够进行海外营销、参加平台各类活动；熟悉客户投诉处理流程。

第三节　教学实施与评价

教学实施与评价主要包括师资队伍、教学设施、教学资源、教学方法、学习评价、质量管理等方面。

一、师资队伍

学生数与专业教师数比例不高于25:1，双师素质教师占专业教师比例不低于60%。师资队伍主要包括专任教师和兼职导师（含企业导师）。

（一）专任教师

专任教师参与企业实践，每五年累计不少于6个月的企业实践经历；专业带头人原则上应具有副高及以上职称，能够较好地把握国内外电子商务行业、专业发展，能广泛联系行业企业，了解行业企业对本专业人才的需求实际。

（二）兼职教师

要求具备良好的思想政治素质、职业道德和工匠精神；具有丰富实践经验的企业高管、部门主管或技术骨干；具有较高的专业素养和技能水平；能承担课程和实训教学、实习指导等专业教学任务。

二、教学设施

主要包括能够满足正常的课程教学、实习实训所需的专业教室、校内实训室、校外实训基地等。

（一）专业教室

专业教室应配置满足信息化教学基本需要的教学硬件和软件，包括配备黑（白）板、多媒体计算机、投影设备、音响设备，互联网接入或 WiFi 环境，具有网络安全防护措施，配置电子商务专业相关教学软件。

（二）校内实训室

按照企业真实工作场景布置，配备多媒体设备、投影设备、白板、电脑、路由器、常用办公软件、讨论工位，配备交换机、服务器、无线路由器、电子商务专业相关实训软件。支持本专业商品拍摄、美工、客服、运营、网络营销、数据分析等课程教学以及电子商务认知实训、单项技能实训、综合实训任务。

（三）校外实训基地

校外实训基地原则上以在岗职工所在单位为依托，如果在岗职工从事非本专业工作，可以选择到相关合作企业实习。校外实训基地应能提供网络营销推广、网店运营管理、美工、客服等实训活动，实训岗位充足，实训指导教师明确，实训管理制度齐全。

（四）学生实习基地

学生实习基地应能提供网络营销推广、网店运营、网店美工、客服等相关实习岗位，能体现电子商务行业新技术、新模式的应用，可接纳 30 名以上学生实习；能够配备相应数量的指导教师对学生实习进行指导和管理；有保证实习生日常工作、学习、生活的规章制度，应为学生提供实习期间的安全、保险保障。

（五）信息化教学

构建满足信息化教学的网络化多媒体教学环境，利用智慧职教等网络教学平台进行网络课程和专业资源库建设，为学生搭建自主、便捷的学习平台。

三、教学资源

（一）教材选用

教材选用以国家级、省级规划教材为主，兼顾专业自编教材，鼓励选用与行业企业合作开发的特色鲜明的校本教材、实习实训材料。

（二）图书配备

图书文献配备能满足人才培养、专业建设、教科研等工作的需要，方便师生查询、借阅。专业类图书文献主要包括：有关电子商务理论、技术、方法、思维以及实务操作类图书，经济、管理、营销、信息技术类文献等。

（三）数字资源

具备使用安徽省网络课程中心、安徽省继续教育网络园区平台资源共享课程的条件，能满足师生在线学习需求。依托智慧职教、职教云等建设各课程教学资源库，形成数字化课程在线学习平台。课程资源包括：电子课件、音视频讲解、微课、慕课（MOOC）、习题与试题库等。

四、教学方法

要以工学结合、校企合作为纲，精心设计、力求创新。着力培养学生的电子商务意识，让学生深刻体会电子商务在企业中的应用形式和给企业带来的效益。采用任务导向课程教学，教学过程应“教—学—做”一体；以学生为主，教师为辅。加强线上线下混合教学模式的应用，鼓励启发式和案例式教学、自主性学习和研究性学习的新模式。重视第二课堂的作用，为学生提供课程实训指导，以增强学生对知识与技能的应用能力。

五、教学评价

着眼于科学全面地评价学生的综合素质，强化实践能力、应用能力的考核，发挥考核评价促进教法和学法改进的作用。教学评价从专业知识、专业技能、职业素质、团队合作、过程表现等多方面进行，评价方式呈多元化，有教学过程考核、实训操作考核、职业技能大赛、职业资格鉴定考核等评价、评定方式。任课教师可根据学生实际情况，根据课程特点灵活运用笔试、机试、线上考试、作品评价、撰写课程报告、提交项目策划书等考核形式，较好地反映学生的综合知识和技能水平。注重对教师教学过程的质量监控，建立学生评教、同行评教、企业评教的多元化的教学质量评价体系。

六、质量管理

社会培训指导方案是实现人才培养的总体设计和实施方案，是安排教学任务、组织教学活动、进行教学管理工作的基本依据，也是学校监控和评价教学质量的基本文件。为了维护方案的严肃性和相对稳定性，规范人才培养过程管理，保证人才培养方案的顺利实施，我校特对方案的制订、修订、实施和调整修改，制定了严格的规范和程序。学校以构建内部质量保证体系为抓手，以诊断与改进为手段，建立健全企业—学校—教研组（专业、课程）三级质量保证组织管理体系，形成“五主体五系统一平台”的内部质量体系架构，有力地促进了教育教学质量的提升。

第四章　电子商务社会培训部分课程标准

第一节　电子商务基础课程标准

一、课程性质

本课程的任务是使学员了解和掌握电子商务基本问题，如新手开店、发布产品、基础美工、交易管理、直通车入门、客户服务等，理解互联网时代的新变化和新契机，为今后进一步学习高阶课程打下基础。

建议课时数：32。

二、设计思路

（一）课程作用

通过本课程的学习，学员能了解电子商务的基本概念，掌握新手开店、发布宝贝、基础美工、交易管理、直通车入门、客户服务等方面的基础知识，培养学员对电子商务基础业务的管理和服务能力，帮助学员理解、分析和解决互联网下的实际问题，为今后学习高阶课程打好基础。

（二）课程设置依据

本课程的设置基于电子商务基础知识更新快、新业务不断涌现等特点以及学员对相关专业领域的先进技术和知识的学习需求，旨在通过学习使学员掌握如何在网上开店，熟悉发布宝贝的流程，理解互联网时代带来的新的变化和契机，让学生能与时俱进地将互联网的商业模式运用到相关的商务活动中，重在探讨和学习电子商务基础的应用。

（三）课程内容设置

课程内容的选取根据电子商务基础本身的特点，将课程内容分为六个部分，首先介绍网上开店，在此基础上介绍产品发布的主要工作流程和模式，以及需要依托哪些相关技术和网络平台，最后了解客户服务遇到的相关问题。

三、课程目标

本课程主要用来培养面向企业和政府机构电子商务运营、美工、客服等岗位的人才，培养具有丰富的视野和扎实的知识基础，掌握电子商务领域的前沿技术和运营，具有较强的实践能力和创新精神，具备较强的网店策划、运营及文案写作能力，具备主流平台推广和运营技巧的电子商务人员。

四、课程内容与要求

本课程的内容与要求如表4–1所示。

表4–1　电子商务基础课程内容与要求

序号	学习任务	知识点	建议课时数
1	新手开店	1.免费开店流程 2.新手店铺如何取名 3.PC端店铺基础设置 4.无线端店铺首页及活动设置 5.新手店铺如何定位 6.新手店铺货源选择方法 7.新手卖家物流设置	4
2	发布宝贝	1.发布产品最新规则 2.PC端卖家中心发布产品流程 3.如何用第三方工具发布产品 4.如何发布高质量的产品	4

续表

序号	学习任务	知识点	建议课时数
3	基础美工	1.店铺装修色彩定位 2.店铺装修风格定位 3.店铺装修人群定位 4.PC端店铺装修入门 5.无线端店铺装修实操 6.PS界面介绍及基本工具讲解	8
4	交易管理	1.新手卖家未发货订单管理 2.新手卖家如何进行快速发货 3.新手卖家退换货订单管理 4.买家评价管理及应对技巧 5.新手卖家中差评处理技巧 6.退款管理和有效降低退款率	4
5	直通车入门	1.认识直通车 2.直通车产品原理 3.新店铺如何用直通车推广 4.直通车推广操作流程 5.直通车推广注意事项	6
6	客户服务	1.客服工具使用技巧 2.金牌客服速成和沟通技巧	6

五、课程考核方案

本课程考核方案如表 4–2 所示。

表4–2　电子商务基础课程考核方案

考核内容	占比（%）	评价标准	评价类型	评价主体
新手开店	15	根据课程学习要求以个人店铺实操	过程性考核	授课教师
发布宝贝	10	根据课程学习要求以个人店铺实操	过程性考核	授课教师
基础美工	25	根据课程学习要求以团队形式分组实操	过程性考核	授课教师
交易管理	10	根据课程学习要求以团队形式实操	过程性考核	授课教师
直通车入门	20	根据课程学习要求以团队形式分组实操	过程性考核	授课教师
客户服务	20	根据课程学习要求以团队形式分组表演	过程性考核	学习小组成员

六、实施建议

（一）教学方法

教学采用“教、学、练、做”一体的模式。教学体现“教师为主导，学员为主体，实训为主线”的原则，采取理论讲解、案例讨论、模拟操作、任务驱动等教学方法，启迪学员的思维，以加深学员对电子商务基础的感性认识，了解其在实际当中的运作。

（二）教学手段

在教学过程中，要充分利用现代化教学手段，提高教学效果。教学中根据实际需要可以采用电子演示文稿、大屏幕多媒体联机演示、网络教学等各种先进的教学手段，使课堂教学生动活泼，引人入胜，提高教学效果，同时提高教学效率。

（三）教学条件

1. 师资条件要求

具有电子商务基础理论知识、电子商务网络技术和商务知识；具有电子商务基础的实践操作技能；具有两年以上电子商务基础实践指导经历，熟悉以工作过程为导向的教学组织与管理。

2. 教学资源建议

本课程首先应建立多媒体、互联网教学环境，充分发挥计算机、互联网等现代媒体技术的优势，建设多媒体课件、纸质教材、网上教学资源等教学资源，建立理论实践一体化的教学体系。

七、其他说明

对于课程教学内容，不同培训需求不同，教师可根据实际情况进行取舍。

合适的教材与教学资源暂时较为欠缺，须加强开发。

第二节　淘系课程标准

一、课程性质

本课程的任务是培养学员掌握互联网环境下的淘系店铺运营的基本职业能力。学员重点应掌握产品规划、营销、推广、客户管理、数据运营等一系列活动的操作技能，并能熟练地为客户提供服务，对整个商品交易过程进行有效管理。

建议课时数：34。

二、设计思路

（一）课程作用

通过本课程的学习，学员能掌握从事淘系网店日常经营活动的基本职业技能，包括产品规划、营销、推广、客户管理、数据运营各环节的业务处理和管理，为网络客户提供服务，进而对商业活动进行有效的管理。

（二）课程设置依据

本课程依据企业运营管理岗位群中电子商务运营这一典型职业活动而设置，主要岗位有商品采购管理、销售管理、运营管理、订单管理、客服管理、绩效管理等。

（三）课程内容设置

课程内容的选取以电子商务运营职业岗位需要为依据，提炼企业调研的第一手资料，获得电子商务运营的典型工作任务，通过系统化设计课程，形成五个主要的课程内容模块。重点是电子商务运营必须具备的岗位技能。

三、课程目标

本课程主要用来培养面向企业电子商务产品、运营、推广、客服等岗位的人才，培养具有丰富的视野和扎实的知识基础，掌握淘系网店运营的前沿技术，具有较强的实践能力和创新精神，具备较强的网店策划、运营及文案写作能力，具备淘系平台推广和运营技巧的电子商务人员。

四、课程内容与要求

本课程的内容与要求如表 4–3 所示。

表4–3　淘系课程内容与要求

序号	学习任务	知识点	建议课时数
1	产品规划	1.产品布局 2.供应链管理	4
2	营销之道	1.店铺规划 2.内容营销 3.活动营销 4.视觉营销 5.品牌营销 6.粉丝营销	12
3	店铺推广	1.搜索 2.直通车 3.钻展 4.淘宝客 5.超级推荐 6.聚划算 7.淘抢购 8.天天特价	8
4	客户管理	1.客户体验 2.客户维护 3.管理工具	4
5	数据运营	1.阿里指数 2.生意参谋 3.数据分析	6

五、课程考核方案

本课程考核方案如表 4–4 所示。

表4–4 淘系课程考核方案

考核内容	占比（%）	评价标准	评价类型	评价主体
产品规划	15	根据课程学习要求以个人店铺实操	过程性考核	授课教师
营销之道	20	根据课程学习要求以团队形式分组演讲	过程性考核	授课教师
店铺推广	30	根据课程学习要求以团队形式分组实操	过程性考核	授课教师
客户管理	10	根据课程学习要求以团队形式实操	过程性考核	学习小组成员
数据运营	25	根据课程学习要求以团队形式分组做案例分析	过程性考核	授课教师

六、实施建议

（一）教学方法

教学采用“教、学、练、做”一体的模式。教学体现“教师为主导，学员为主体，实训为主线”的原则，采取理论讲解、案例讨论、模拟操作、任务驱动等教学方法，启迪学员的思维，以加深学员对淘系店铺运营的感性认识，了解其在实际当中的运作。

（二）教学手段

在教学过程中，要充分利用现代化教学手段，提高教学效果。教学中根据实际需要可以采用电子演示文稿、大屏幕多媒体联机演示、网络教学等各种先进的教学手段，使课堂教学生动活泼，引人入胜，提高教学效果，同时提高教学效率。

（三）教学条件

1. 师资条件要求

具有淘系店铺基础理论知识；具有淘系店铺运营的实践操作技能；具有两年以上淘系店铺运营实践指导经历，熟悉以工作过程为导向的教学组织与管理。

2. 教学资源建议

本课程首先应建立多媒体、互联网教学环境，充分发挥计算机、互联网等现代媒体技术的优势，建设多媒体课件、纸质教材、网上教学资源等教学资源，建立理论实践一体化的教学体系。

七、其他说明

对于课程教学内容，不同培训需求不同，教师可根据实际情况进行取舍。

合适的教材与教学资源暂时较为欠缺，须加强开发。

第三节 京东课程标准

一、课程性质

本课程的任务是培养学生掌握互联网环境下的京东店铺运营的基本职业能力。学员重点应掌握京东平台介绍、店铺入驻、京东平台规则、店铺管理、营销推广、物流仓配、基础分析等一系列活动的操作技能，并能熟练地为客户提供服务，对整个商品交易过程进行有效管理。

建议课时数：36。

二、设计思路

（一）课程作用

通过本课程的学习，学员能掌握从事京东店铺日常经营活动的基本职业技能。包括京东平台介绍、店铺入驻、京东平台规则、店铺管理、营销推广、物流仓配、基础分析各环节的业务处理和管理，为网络客户提供服务，进而对商业活动进行有效的管理。

（二）课程设置依据

本课程依据企业运营管理岗位群中电子商务运营这一典型职业活动而设置，主要岗位有商品销售管理、运营管理、订单管理、客服管理、绩效管理、仓储管理等。

（三）课程内容设置

课程内容的选取以电子商务运营职业岗位需要为依据，提炼企业调研的第一手资料，获得电子商务运营的典型工作任务，通过系统化设计课程，形成七个主要的课程内容模块。重点是电子商务运营必须具备的岗位技能。

三、课程目标

本课程主要用来培养面向企业电子商务运营、推广、客服、仓储等岗位的人才，培养具有丰富的视野和扎实的知识基础，掌握京东店铺运营的前沿技术，具有较强的实践能力和创新精神，具备较强的网店策划、运营及文案写作能力，具备京东平台推广和运营技巧的电子商务人员。

四、课程内容与要求

本课程的内容与要求如表4–5所示。

表4–5　京东课程内容与要求

序号	学习任务	知识点	建议课时数
1	京东平台介绍	1.京东前台介绍 2.京东后台介绍 3.京东主要场景介绍	4
2	店铺入驻	1.京东店铺类型 2.京东店铺入驻流程 3.各类目入驻资质解析 4.各类目入驻费用解析	4
3	京东平台规则	1.运营规则解析 2.奖惩规则解析 3.客服规则解析 4.售后规则解析 5.电商新广告法解析	4

续表

序号	学习任务	知识点	建议课时数
4	店铺管理	1.团队人员架构 2.账号管理 3.标题优化 4.详情页优化 5.主图、视频规范说明	6
5	营销推广	1.免费引流 2.关联营销 3.快车计划 4.京东展位	8
6	物流仓配	1.京东物流概述 2.完善店铺配送设置 3.京配与京东超市打标	4
7	基础分析	1.店铺诊断流程 2.店铺流量数据分析 3.店铺商品数据分析 4.店铺交易数据分析 5.店铺竞品数据分析	6

五、课程考核方案

本课程考核方案如表 4–6 所示。

表4–6　京东课程考核方案

考核内容	占比（%）	评价标准	评价类型	评价主体
京东平台介绍	10	根据课程学习要求以个人店铺实操	过程性考核	授课教师
店铺入驻	15	根据课程学习要求以团队形式分组演讲	过程性考核	授课教师
京东平台规则	10	根据课程学习要求以团队形式分组实操	过程性考核	授课教师
店铺管理	15	根据课程学习要求以团队形式实操	过程性考核	学习小组成员
营销推广	25	根据课程学习要求以团队形式分组做案例分析	过程性考核	授课教师
物流仓配	10	根据课程学习要求以团队形式分组实操	过程性考核	学习小组成员
基础分析	15	根据课程学习要求以团队形式分组做案例分析	过程性考核	授课教师

六、实施建议

（一）教学方法

教学采用“教、学、练、做”一体的模式。教学体现“教师为主导，学员为主体，实训为主线”的原则，采取理论讲解、案例讨论、模拟操作、任务驱动等教学方法，启迪学员的思维，以加深学员对京东店铺运营的感性认识，了解其在实际当中的运作。

（二）教学手段

在教学过程中，要充分利用现代化教学手段，提高教学效果。教学中根据实际需要可以采用电子演示文稿、大屏幕多媒体联机演示、网络教学等各种先进的教学手段，使课堂教学生动活泼，引人入胜，提高教学效果，同时提高教学效率。

（三）教学条件

1. 师资条件要求

具有京东店铺基础理论知识；具有京东店铺运营的实践操作技能；具有两年以上京东店铺运营实践指导经历，熟悉以工作过程为导向的教学组织与管理。

2. 教学资源建议

本课程首先应建立多媒体、互联网教学环境，充分发挥计算机、互联网等现代媒体技术的优势，建设多媒体课件、纸质教材、网上教学资源等教学资源，建立理论实践一体化的教学体系。

七、其他说明

对于课程教学内容，不同培训需求不同，教师可根据实际情况进行取舍。

合适的教材与教学资源暂时较为欠缺，须加强开发。

第四节　农村电商课程标准

一、课程性质

本课程的任务是提高乡镇村管理层对电子商务认识的高度，以便于上级主管部门对电商下一步的发展起到重要推动作用。为打造电商示范县提供人才保障有效推动电子商务工作，打通农产品“出村进城”最后一公里瓶颈，培养学员熟练掌握运用网络技术促销农特产品。助推地方经济、拉动创业就业，推进实施青年电商培育工程、提高青年电商创业技能、加快培养青年电商人才。

建议课时数：32。

二、设计思路

政府主管部门及乡镇村分管领导以培训宏观思维、电商政策环境为主；涉农企业、合作社的主要负责人以培训企业赢利及电商团队打造为目的；农业大户、电商操作人员、个人创业者以培训电商 / 网销推广实操技术为目的；服务站 / 点中心工作人员以培训为周边农民服务买进卖出技术为目的。

三、课程目标

深入学习电子商务、网络营销、农村电商、自媒体营销、移动互联网营销等实战技能；教会传统农民朋友使用互联网技术实现产品信息宣传发布；抽丝剥茧，用海量的实战案例，深度剖析电子商务的本质、要义与技巧；掌握淘宝开店、手机微店开店的方法技巧；学会如何运用微信、微视频、新媒体、搜索引擎等渠道寻找客户，建立强大的新农村网络营销团队；使新农人树立网络营销意识，学会如何运用网络营销进行产品推广、电子商务运营。

四、课程内容与要求

本课程的内容与要求如表 4–7 所示。

表4-7 农村电商课程内容与要求

序号	学习任务	知识点	建议课时数
1	解析"互联网+"	1. "互联网+" 发展趋势解读 2. "互联网+"背景下电商经济与区域转型升级 3. 如何培养互联网思维	2
2	农村电商	1. 农业电子商务发展规划及政策解读 2. "三农"问题与互联网 3. 农产品电子商务模式	4
3	电子商务商业模式及案例分析	1.电子商务创新商业模式 2.案例分析	2
4	电子商务平台研究及实战演练	1.电商各大平台简介（天猫、京东、当当、1号店、唯品会等） 2.电商各大平台规则 3.实战演练	4
5	电子商务创业	1."大众创业、万众创新"与国家创业扶持政策 2.电子商务创业方案策划 3.初创业企业经营管理	4
6	移动电商	1.移动电商发展与趋势 2.移动电商服务与安全 3.移动电商运营策略	2
7	电子商务营销与推广（一）	1.营销推广方法 2.店铺运营技巧	4
8	电子商务营销与推广（二）	1.数据化营销 2.微店推广与运营	4
9	经验分享	天猫、京东、淘宝等县级馆运营模式案例及经验分享	2
10	移动课堂	到电子商务产业园和电商示范企业参观考察	4

五、课程考核方案

本课程考核方案如表 4-8 所示。

表4-8 农村电商课程考核方案

考核内容	占比（%）	评价标准	评价类型	评价主体
解析“互联网+”	10	根据课程学习要求以个人店铺实操	过程性考核	授课教师
农村电商	10	根据课程学习要求以团队形式分组演讲	过程性考核	授课教师
电子商务商业模式及案例分析	10	根据课程学习要求以团队形式分组实操	过程性考核	授课教师
电子商务平台研究及实战演练	15	根据课程学习要求以团队形式实操	过程性考核	学习小组成员
电子商务创业	15	根据课程学习要求以团队形式分组做案例分析	过程性考核	授课教师
移动电商	10	根据课程学习要求以团队形式分组实操	过程性考核	学习小组成员
电子商务营销与推广（一）	15	根据课程学习要求以团队形式分组做案例分析	过程性考核	授课教师
电子商务营销与推广（二）	15	根据课程学习要求以团队形式分组做案例分析	过程性考核	授课教师

六、实施建议

（一）教学方法

教学采用“教、学、练、做”一体的模式。教学体现“教师为主导，学员为主体，实训为主线”的原则，采取理论讲解、案例讨论、模拟操作、任务驱动等教学方法，启迪学员的思维，以加深学员对农村电商运营的感性认识，了解其在实际当中的运作。

（二）教学手段

在教学过程中，要充分利用现代化教学手段，提高教学效果。教学中根据实际需要可以采用电子演示文稿、大屏幕多媒体联机演示、网络教学等各种先进的教学手段，使课堂教学生动活泼，引人入胜，提高教学效果，同时提高教学效率。

（三）教学条件

1. 师资条件要求

具有农村电商基础理论知识；具有农村电商运营的实践操作技能；

具有两年以上农村电商运营实践指导经历，熟悉以工作过程为导向的教学组织与管理。

2. 教学资源建议

本课程首先应建立多媒体、互联网教学环境，充分发挥计算机、互联网等现代媒体技术的优势，建设多媒体课件、纸质教材、网上教学资源等教学资源，建立理论实践一体化的教学体系。

七、其他说明

对于课程教学内容，不同培训需求不同，教师可根据实际情况进行取舍。

合适的教材与教学资源暂时较为欠缺，须加强开发。

第五节　跨境电商课程标准

一、课程性质

本课程的任务是使学员了解和掌握跨境电商基本问题，如跨境电商的未来发展趋势、跨境电商的进出口现状剖析、跨境电商主流平台实操、跨境电商物流解析、跨境电商交易实操、跨境电商数据分析和营销工具等，理解互联网时代的新变化和新契机，为今后进一步学习高阶课程打下基础。

建议课时数：32。

二、设计思路

（一）课程作用

通过本课程的学习，学员能掌握从事跨境电商日常经营活动的基本职业技能，包括店铺运营、推广、跨境物流、数据分析各环节的业务处理和管理，为跨境客户提供服务，进而对商业活动进行有效的管理。

（二）课程设置依据

本课程依据企业运营管理岗位群中跨境电商运营这一典型职业活动而设置，主要岗位有商品采购管理、销售管理、运营管理、订单管理、绩效管理等。

（三）课程内容设置

课程内容的选取以跨境电商运营职业岗位需要为依据，提炼企业调研的第一手资料，获得跨境电商运营的典型工作任务，通过系统化设计课程，形成六个主要的课程内容模块。重点是跨境电商运营必须具备的岗位技能。

三、课程目标

本课程内容基于全球主流跨境电商平台（速卖通、阿里国际站、亚马逊、WISH 等）的操作流程与规范，通过理实一体教学法，根据项目教学要求，让学生掌握速卖通平台的基本业务操作技能，即跨境店铺注册操作、跨境物流与海外仓操作、海外市场调研操作、跨境选品和产品信息化操作、跨境物流与海外仓操作、海外市场调研操作、跨境选品和产品信息化操作、跨境产品定价、跨境店铺优化及推广操作、订单处理及发货、客户服务等业务能力，为学员走上跨境电商工作岗位和跨境电商创业打下坚实的基础。

四、课程内容与要求

本课程的内容与要求如表 4–9 所示。

表4–9　跨境电商课程内容与要求

序号	学习任务	知识点	建议课时数
1	跨境电商的未来发展趋势	1.跨境电商的定义及优势 2.跨境电商的分类及特征 3.跨境电商对外贸转型升级的意义	4

续表

序号	学习任务	知识点	建议课时数
2	跨境电商的进出口现状剖析	1.2015–2020年进口电子商务市场分析 2.2015–2020年出口电子商务市场分析 3.2015–2020年跨境电子商务市场重点区域格局分析	4
3	跨境电商主流平台实操	1.2015–2020年出口跨境电商主要平台分析（eBay、亚马逊、速卖通、敦煌网等） 2.2015–2020年进口跨境电商主要平台分析（天猫国际、京东海外购、苏宁易购、洋码头等）	6
4	跨境电商物流解析	跨境电商物流简介与分析（包括：邮政小包、国际快递、专线物流、海外仓、国内快递的跨国业务）	6
5	跨境电商交易实操	以速卖通交易为例（注册认证账号、完成开店考试→发布商品→通过审核→买家搜索→在线沟通→在线下单→卖家备货并发货→买家收货→卖家收款→相互评价）	6
6	跨境电商数据分析和营销工具	1.数据分析进出口电商的动向 2.“Google+”跨境电商营销工具	6

五、课程考核方案

本课程考核方案如表4–10所示。

表4–10　跨境电商课程考核内容

考核内容	占比（%）	评价标准	评价类型	评价主体
跨境电商的未来发展趋势	10	根据课程学习要求以团队形式分组演讲	过程性考核	授课教师
跨境电商的进出口现状剖析	10	根据课程学习要求以团队形式分组演讲	过程性考核	授课教师
跨境电商主流平台实操	20	根据课程学习要求以团队形式分组实操	过程性考核	授课教师
跨境电商物流解析	20	根据课程学习要求以团队形式实操	过程性考核	学习小组成员

续表

考核内容	占比（%）	评价标准	评价类型	评价主体
跨境电商交易实操	20	根据课程学习要求以团队形式分组做案例分析	过程性考核	授课教师
跨境电商数据分析和营销工具	20	根据课程学习要求以团队形式分组实操	过程性考核	学习小组成员

六、实施建议

（一）教学方法

教学采用“教、学、练、做”一体的模式。教学体现“教师为主导，学员为主体，实训为主线”的原则，采取理论讲解、案例讨论、模拟操作、任务驱动等教学方法，启迪学员的思维，以加深学员对跨境电商运营的感性认识，了解其在实际当中的运作。

（二）教学手段

在教学过程中，要充分利用现代化教学手段，提高教学效果。教学中根据实际需要可以采用电子演示文稿、大屏幕多媒体联机演示、网络教学等各种先进的教学手段，使课堂教学生动活泼，引人入胜，提高教学效果，同时提高教学效率。

（三）教学条件

1. 师资条件要求

具有跨境电商基础理论知识；具有跨境电商运营的实践操作技能；具有两年以上跨境运营实践指导经历，熟悉以工作过程为导向的教学组织与管理。

2. 教学资源建议

本课程首先应建立多媒体、互联网教学环境，充分发挥计算机、互联网等现代媒体技术的优势，建设多媒体课件、纸质教材、网上教学资源等教学资源，建立理论实践一体化的教学体系。

七、其他说明

对于课程教学内容，不同培训需求不同，教师可根据实际情况进行取舍。

合适的教材与教学资源暂时较为欠缺，须加强开发。

第六节　直播电商课程标准

一、课程性质

本课程的任务是培养学生掌握互联网环境下的直播电商运营的基本职业能力。学员重点应掌握直播规则及账号开通、直播选品、主播人设、直播设备调试、直播前准备、策划脚本、直播实操演练、直播运营、粉丝运营、直播复盘、客服管理等一系列活动的操作技能，并能熟练地为客户提供服务，对整个商品交易过程进行有效管理。

建议课时数：36。

二、设计思路

（一）课程作用

通过本课程的学习，学员能够研究数字化信息平台的用户定位和运营方式；掌握对企业资质和产品质量等信息进行审核；选定相关产品，设计策划营销方案，制定佣金结算方式；提升自身传播影响力，加强用户群体活跃度，促进产品从关注到购买的转化率；签订销售订单，结算销售货款；能够协调销售产品的售后服务。

（二）课程设置依据

本课程依据电商管理岗位群中直播电商这一典型职业活动而设置，主要岗位有选品、主播、场控、客服管理、绩效管理等。

（三）课程内容设置

课程内容的选取以直播电商运营职业岗位需要为依据，提炼企业调研的第一手资料，获得直播电商运营的典型工作任务，通过系统化设计课程，形成十二个主要的课程内容模块。重点是直播电商运营必须具备的岗位技能。

三、课程目标

通过本课程的学习，使学员养成直播思维、选择直播平台、开展直播策划、确定直播模式、组织直播内容，通过直播或短视频等形式对产品进行多平台营销推广；采集分析销售数据，对企业或产品提出优化性建议。

四、课程内容与要求

本课程的内容与要求如表 4–11 所示。

表4–11　直播电商课程内容与要求

序号	学习任务	知识点	建议课时数
1	如何踩准直播电商风口	1.直播电商的发展趋势 2.主流直播平台解析 3.直播规范及职业道德 4.直播电商产业经济与粉丝经济	2
2	直播规则及账号开通	1.淘宝、京东、拼多多等网络直播平台规则 2.抖音、快手等社交直播平台规则 3.各大主流平台账号注册开通流程	2
3	直播选品	1.市场分析 2.产品体验 3.资质核查	4
4	主播人设	1.形象定位 2.方向定位 3.表达定位 4.专业素养	2

序号	学习任务	知识点	建议课时数
5	直播设备调试	1.调试直播器材 2.调试直播设备 3.准备辅助道具	2
6	直播前准备	1.核查直播样品 2.成列直播产品 3.对接各个岗位 4.核查优惠策略	2
7	策划脚本	1.整场直播 2.单品解说 3.编写话术 4.直播间玩法	4
8	直播实操演练	1.实操模拟直播场景 2.直播回顾	4
9	直播运营	1.中控台运营 2.直播监控 3.直播推广 4.氛围营造 5.促进成交	4
10	粉丝运营	1.所得粉丝 2.黏性粉丝 3.自发维护	4
11	直播复盘	1.分析数据 2.优化直播 3.留存素材	4
12	客服管理	1.发货管理 2.售后服务 3.奖项核对	2

五、课程考核方案

本课程考核方案如表 4-12 所示。

表4-12 直播电商课程考核方案

考核内容	占比（%）	评价标准	评价类型	评价主体
直播规则及账号开通	5	根据课程学习要求以团队形式分组演讲	过程性考核	授课教师
直播选品	10	根据课程学习要求以团队形式分组实操	过程性考核	授课教师
主播人设	10	根据课程学习要求以团队形式分组实操	过程性考核	授课教师
直播设备调试	5	根据课程学习要求以团队形式实操	过程性考核	学习小组成员
直播前准备	10	根据课程学习要求以团队形式分组做案例分析	过程性考核	授课教师
策划脚本	10	根据课程学习要求以团队形式分组演讲	过程性考核	授课教师
直播实操演练	10	根据课程学习要求以团队形式分组实操	过程性考核	授课教师
直播运营	10	根据课程学习要求以团队形式分组实操	过程性考核	授课教师
粉丝运营	10	根据课程学习要求以团队形式分组做案例分析	过程性考核	授课教师
直播复盘	10	根据课程学习要求以团队形式分组做案例分析	过程性考核	授课教师
客服管理	10	根据课程学习要求以团队形式分组实操	过程性考核	学习小组成员

六、实施建议

（一）教学方法

教学采用“教、学、练、做”一体的模式。教学体现“教师为主导，学员为主体，实训为主线”的原则，采取理论讲解、案例讨论、模拟操作、任务驱动等教学方法，启迪学员的思维，以加深学员对直播电商运营的感性认识，了解其在实际当中的运作。

（二）教学手段

在教学过程中，要充分利用现代化教学手段，提高教学效果。教学中根据实际需要可以采用电子演示文稿、大屏幕多媒体联机演示、网络教学等各种先进的教学手段，使课堂教学生动活泼，引人入胜，提高教学效果，同时提高教学效率。

（三）教学条件

1. 师资条件要求

具有直播电商基础理论知识;具有直播电商运营的实践操作技能;具有两年以上直播运营实践指导经历，熟悉以工作过程为导向的教学组织与管理。

2. 教学资源建议

本课程首先应建立多媒体、互联网教学环境，充分发挥计算机、互联网等现代媒体技术的优势，建设多媒体课件、纸质教材、网上教学资源等教学资源，建立理论实践一体化的教学体系。

七、其他说明

对于课程教学内容，不同培训需求不同，教师可根据实际情况进行取舍。

合适的教材与教学资源暂时较为欠缺，须加强开发。

第七节　新媒体营销课程标准

一、课程性质

以数字技术和网络技术为支撑的新媒体正在日益改变当下的生活和获取信息的方式。课程针对学员开展新媒体营销与运营学习，系统介绍新媒体营销与运营需贮备的理论知识和实践能力。通过开展新媒体营销与运营学习，使学员掌握新媒体的基础知识和基本理论，熟悉新媒体运营的基本方法，了解新媒体的特征、传播规律、广告投放技巧、运营策略等一系列内容，激发学员对新媒体的兴趣，提高学员的新媒体运营洞察和策略能力，促进学员就业。

建议课时数：34。

二、设计思路

（一）课程作用

通过本课程的学习，学员能掌握从事新媒体日常经营活动的基本职业技能，包括新媒体概述、微信营销、微博营销、社群营销、新媒体文案写作、新媒体常用工具、主流新媒体平台写作各环节的业务处理和管理，为客户提供服务，进而对新媒体活动进行有效的管理。

（二）课程设置依据

本课程依据新媒体运营管理岗位中典型职业活动而设置，主要岗位有新媒体策划、新媒体文案编辑、新媒体制作等。

（三）课程内容设置

课程内容的选取以新媒体运营职业岗位需要为依据，提炼企业调研的第一手资料，获得新媒体运营的典型工作任务，通过系统化设计课程，形成七个主要的课程内容模块。重点是新媒体运营必须具备的岗位技能。

三、课程目标

本课程主要用来培养面向企业和政府机构新媒体营销、运营、编辑等岗位的人才，培养具有丰富的视野和扎实的知识基础，掌握新媒体领域的前沿技术和运营，具有较强的实践能力和创新精神，具备较强的新媒体策划、运营及文案写作能力，具备主流新媒体平台推广和运营技巧的新媒体人员。

四、课程内容与要求

本课程的内容与要求如表 4–13 所示。

表4–13 新媒体营销课程内容与要求

序号	学习任务	知识点	建议课时数
1	新媒体概述	1.市场主流新媒体的类型 2.主流新媒体的演化过程 3.新媒体岗位工作内容	4

续表

序号	学习任务	知识点	建议课时数
2	微信营销	1.微信公众号后台常用技能 2.微信公众号加“粉”方法 3.策划商业性微信公众号活动	6
3	微博营销	1.高转发微博常用手法 2.微博企业账户加“粉”方法 3.商业性微博推广、直播、话题等活动	6
4	社群营销	1.社群的特征和模式 2.从0到1建设社群和展开基础运营 3.围绕社群策划推广活动或商务推广	6
5	新媒体文案写作	1.新媒体产品文案 2.新媒体活动文案 3.新媒体宣传文案	4
6	新媒体常用工具	1.新媒体内容排版 2.新媒体文案搜图和修图 3.制作常用的动图表情包 4.制作常见声效、短视频和新媒体特效 5.其他主流新媒体小配置	4
7	主流新媒体平台写作	1.今日头条新媒体写作和运营 2.知乎新媒体推广和运营 3.豆瓣、简书等其他新媒体写作和运营	4

五、课程考核方案

本课程考核方案如表4–14所示。

表4–14　新媒体营销课程内容与要求

考核内容	占比（%）	评价标准	评价类型	评价主体
新媒体概述	10	根据课程学习要求以团队形式演讲	过程性考核	授课教师
微信营销	15	根据课程学习要求以团队形式实操	过程性考核	授课教师

续表

考核内容	占比（%）	评价标准	评价类型	评价主体
微博营销	10	根据课程学习要求以团队形式分组实操	过程性考核	授课教师
社群营销	15	根据课程学习要求以团队形式实操	过程性考核	学习小组成员
新媒体文案写作	25	根据课程学习要求以团队形式分组做案例分析	过程性考核	授课教师
新媒体常用工具	10	根据课程学习要求以团队形式分组实操	过程性考核	学习小组成员
主流新媒体平台写作	15	根据课程学习要求以团队形式分组做案例分析	过程性考核	授课教师

六、实施建议

（一）教学方法

教学采用“教、学、练、做”一体的模式。教学体现“教师为主导，学员为主体，实训为主线”的原则，采取理论讲解、案例讨论、模拟操作、任务驱动等教学方法，启迪学员的思维，以加深学员对新媒体运营的感性认识，了解其在实际当中的运作。一是多进行实战训练，提高学员的实战动手能力；二是通过互联网，实时关注各种类型新媒体的玩法；三是通过官网及 App 实践体验各类新媒体，更加深入了解各类新媒体。

（二）教学手段

在教学过程中，要充分利用现代化教学手段，提高教学效果。教学中根据实际需要可以采用电子演示文稿、大屏幕多媒体联机演示、网络教学等各种先进的教学手段，使课堂教学生动活泼，引人入胜，提高教学效果，同时提高教学效率。

（三）教学条件

1. 师资条件要求

具有新媒体运营理论知识；具有新媒体运营的实践操作技能；具

有两年以上新媒体运营实践指导经历，熟悉以工作过程为导向的教学组织与管理。

2. 教学资源建议

本课程首先应建立多媒体、互联网教学环境，充分发挥计算机、互联网等现代媒体技术的优势，建设多媒体课件、纸质教材、网上教学资源等教学资源，建立理论实践一体化的教学体系。

七、其他说明

对于课程教学内容，不同培训需求不同，教师可根据实际情况进行取舍。

合适的教材与教学资源暂时较为欠缺，须加强开发。

第八节　短视频实操课程标准

一、课程性质

本课程的任务是使学员了解和掌握短视频制作的基本知识，如短视频发展及平台、前期定位解析、拍摄技巧、素材拍摄、脚本设计、策略分析、PC 端剪辑软件基础、Pr 与 AE 操作讲解、移动端剪辑软件、短视频后期案例分析与实操等，理解互联网时代的新变化和新契机，为今后进一步学习高阶课程打下基础。

建议课时数：36。

二、设计思路

（一）课程作用

通过本课程的学习，学员能掌握从事短视频制作的基本职业技能，包括短视频发展及平台、前期定位解析、拍摄技巧、素材拍摄、脚本设计、策略分析、PC 端剪辑软件基础、Pr 与 AE 操作讲解、移动端剪辑软件、短视频后期案例分析与实操各环节的业务处理和管理，为客户提供服务，进而对新媒体活动进行有效的管理。

（二）课程设置依据

本课程依据新媒体运营管理岗位中典型职业活动而设置，主要岗位有创意策划、脚本撰写、短视频拍摄、短视频剪辑等。

（三）课程内容设置

课程内容的选取以新媒体运营职业岗位需要为依据，提炼企业调研的第一手资料，获得新媒体运营的典型工作任务。通过系统化设计课程，形成十个主要的课程内容模块，重点是短视频运营必须具备的岗位技能。

三、课程目标

本课程的任务是培养学员掌握互联网环境下的短视频运营的基本职业技能。课程内容从平台、内容、故事、拍摄、剪辑、粉丝、推广、数据、变现这 9 个角度入手，辅以大量的理论、技巧、案例，培养学员找到短视频获利的正确方式。主要学习如何制作好短视频，如何利用短视频进行营销。

四、课程内容与要求

本课程的内容与要求如表 4–15 所示。

表4–15 短视频实操课程内容与要求

序号	学习任务	知识点	建议课时数
1	短视频发展及平台	1.短视频商业化分析 2.短视频的推荐原理分析	2
2	前期定位解析	1.内容定位，如何持续产出 2.原创内容制作技巧	4
3	拍摄技巧	1.掌握推、拉、摇、移、跟、定等拍摄手法 2.掌握拍摄中的远、全、中、近、特等景别	4
4	素材拍摄	1.转场技巧、运镜技巧实践讲解 2.掌握灯光器材的使用方法	2
5	脚本设计	短视频脚本创作攻略	4

续表

序号	学习任务	知识点	建议课时数
6	策略分析	抖音电商策略和案例分析	4
7	PC端剪辑软件基础	PC端常用的剪辑软件以及使用场景	4
8	Pr与AE操作讲解	1.掌握用pr剪辑素材以及配音配乐 2.掌握AE的基本使用方法	4
9	移动端剪辑软件	快剪辑、爱剪辑和剪映的使用技巧及实操	4
10	短视频后期案例分析与实操	根据案例分析短视频的剪辑方法	4

五、课程考核方案

本课程考核方案如表 4–16 所示。

表4–16 短视频实操课程考核方案

考核内容	占比（%）	评价标准	评价类型	评价主体
短视频发展及平台	5	根据课程学习要求以团队形式演讲	过程性考核	授课教师
前期定位解析	10	根据课程学习要求以团队形式实操	过程性考核	授课教师
拍摄技巧	10	根据课程学习要求以团队形式分组实操	过程性考核	授课教师
素材拍摄	10	根据课程学习要求以团队形式实操	过程性考核	学习小组成员
脚本设计	10	根据课程学习要求以团队形式分组做案例分析	过程性考核	授课教师
策略分析	10	根据课程学习要求以团队形式分组实操	过程性考核	学习小组成员
PC端剪辑软件基础	15	根据课程学习要求以团队形式分组实操	过程性考核	授课教师
Pr与AE操作讲解	10	根据课程学习要求以团队形式分组实操	过程性考核	授课教师
移动端剪辑软件	10	根据课程学习要求以团队形式分组实操	过程性考核	授课教师
短视频后期案例分析与实操	10	根据课程学习要求以团队形式分组做案例分析	过程性考核	授课教师

六、实施建议

（一）教学方法

教学采用“教、学、练、做”一体的模式。教学体现“教师为主导，学员为主体，实训为主线”的原则，采取理论讲解、案例讨论、模拟操作、任务驱动等教学方法，启迪学员的思维，以加深学员对短视频实操的感性认识，了解其在实际当中的运作。

（二）教学手段

在教学过程中，要充分利用现代化教学手段，提高教学效果。教学中根据实际需要可以采用电子演示文稿、大屏幕多媒体联机演示、网络教学等各种先进的教学手段，使课堂教学生动活泼，引人入胜，提高教学效果，同时提高教学效率。

（三）教学条件

1. 师资条件要求

具有短视频基础理论知识；具有短视频的实践操作技能；具有两年以上短视频实践指导经历，熟悉以工作过程为导向的教学组织与管理。

2. 教学资源建议

本课程首先应建立多媒体、互联网教学环境，充分发挥计算机、互联网等现代媒体技术的优势，建设多媒体课件、纸质教材、网上教学资源等教学资源，建立理论实践一体化的教学体系。

七、其他说明

对于课程教学内容，不同培训需求不同，教师可根据实际情况进行取舍。

合适的教材与教学资源暂时较为欠缺，须加强开发。

第五章　电子商务社会培训体系构建

随着我国电子商务发展速度越来越快、水平越来越高，电子商务已融入社会各行各业，这也为电子商务发展创造新契机。但目前我国电子商务技术人才十分匮乏，仅学校教育已经不能够满足市场需求，迫切需要构建社会培训体系以加强对电子商务高技能人才的培养，在电子商务人才构成、素质、管理、服务等方面形成区域竞争优势，提升本地电子商务产业的竞争能力，推动电子商务服务产业的集群建设与发展，为电子商务快速发展提供专业人才支撑。

第一节　电子商务社会培训体系

对电子商务人才进行有效培训，能够帮助电子商务企业获得源源不断的人才支持和保障，从而促进电子商务企业快速发展。因此，需要坚持国家现有电商人才培育框架和各省实际相结合、业务理论和实际操作相结合、政策推动和市场运作相结合的原则，充分发挥院校、社会专业培训机构、电商企业和行业协（商）会等在人才培育中的作用，根据社会需求来明确电子商务人才培训的对象、层次和内容，从不同的主体来开展对电子商务人才的培训工作，不断推进、完善电子商务人才培训体系。

第二节　电子商务社会培训体系之教学体系建设

一、教学对象

电子商务人才是指具有一定的电子商务专业知识或专业技能，从事电子商务技术开发与系统维护以及商务运作管理的人员。电子商务人才培训要根据培训对象需求的不同进行针对性的培训，进而构建多层次和多样化的电子商务人才培训体系。电子商务人才培训的对象如表 5-1 所示。

表5-1　电子商务人才培训的对象

培训对象	具体人员
学生群体	电子商务专业学生和非电子商务专业学生
待业人员	社会青年、下岗人员、伤残人士、贫困人口、退伍军人等有意愿的人群
在岗人员	技术类、商务类、管理类人员；高层管理、中层管理和基层业务人员
政府人员	单位领导、干部、业务骨干等相关政府工作人员
农村人员	返乡大学生；大学生村官等村干部；农民工；农村青年致富带头人及经济困难未就业青年；农业种植养殖、加工、运输、销售大户；农村经纪人、农民专业合作社成员；农村连锁店、直营店、基层服务站人员；村级站电子商务服务人员；对农村电商感兴趣的城市人口
其他群体	除上述群体以外的其他人员

由于不同电子商务人才具有不同层次的知识和能力水平，对培训内容的要求也有所不同，因此电子商务人才培训的层次一般可以分为初级培训、中级培训和高级培训。

（一）初级电子商务人才培训

初级电子商务人才培训，是对从业人员进行电子商务知识或理念普及培训。通过初级培训，学员能够提高电子商务意识，掌握电子商务基本知识，了解电子商务行业发展。其主要以电子商务概况、基础知识、网络安全、创新模式、发展趋势和特点、传统企业电商转型等为培训内容，通过电子商务基础知识讲授、专题讲座等方式进行，使学员不断更新电子商务知识结构。

（二）中级电子商务人才培训

中级电子商务人才培训，是对从业人员进行电子商务专业技术或实操技能培训。中级培训主要为电子商务人才提供运营、推广、设计、文案、客服、网站开发、数据分析、网络营销、仓储物流管理、供应链管理以及跨境电商等几个方向的培训内容。通过中级培训，学员能够掌握电子商务营销实操技能和创新理念，打造企业电商完整产业链条团队，转变企业传统经营、销售模式，明显提高企业线上销售能力，培育一批中级管理者及中高级技术型人才。

（三）高级电子商务人才培训

电子商务人才高级培训，又称电子商务总裁或精英培训等。顾名思义，电子商务人才高级培训是为电子商务企业负责人和中高层管理人员服务的，其主要内容包括电商模式创新与传统企业转型策略、团队建设与管理、组织运营与信息系统规划、物流与供应链管理、营销策略与数据分析等。通过参加国内相关部委和知名电商企业组织的电子商务培训、大型论坛和交流会等，采用集中培训和上门培训服务相结合的方式，为电子商务企业的更进一步发展提供高质量、高水平人才。

二、教学内容

培训内容主要有培训课程设计、课件制作、讲义编写、课程审核评估等具体内容。电子商务社会培训一般包括企业新员工入职培训、岗位和技能培训以及战略管理培训。

（一）新员工入职培训

入职培训是新员工进入公司的第一个环节，目的是让新员工更好地融入公司、适应工作环境，一般是由企业人力资源部门来进行培训。新员工入职培训的课程内容要根据企业培训需求来设置，属于普及性培训课程，主要包括公司概况、福利待遇、工作内容、制度要求等内容。入职培训一般是对新员工进行 2 ~ 3 天的集中脱岗培训及后期的在岗培训，采用集中授课和日常工作指导即一对一辅导的形式，最后会对新员工进行书面考核和应用考核，评估培训效果。

（二）岗位和技能培训

岗位和技能培训包括通用能力培训和专业技术能力培训，一般由电子商务企业中较有经验的老员工来做，俗称“传帮带”。岗位和技能培训课程设置是电子商务企业培训工作中工作量最大的，要建立以员工职业化为目标的分层分类员工培训体系，明确不同岗位、级别的人员要掌握的工作知识和技能，从而开发出相应的培训教材。电子商务企业中不同级别和岗位的人员在必备的知识上可以是相同的，但在技能知识的深度和广度上要有所区别和针对性。

（三）战略管理培训

这是电子商务企业的高级培训课程，主要面向电子商务企业负责人和中高层准管理者，一般都请外部机构来进行培训，培训内容主要有企业战略、管理能力、发展方向、个人领导力、个人魅力等。战略管理培训课程具有动态培性，要根据科技、管理等的发展动态，并结合企业发展目标和竞争战略做出培训分析，从而确定培训课程。这类培训能够不断地提高员工能力，为企业的长远发展提供战略管理型人才支持。

三、教学设计

（一）以社会需求为导向，设计基础培训课程

应结合社会与企业的需求，确立培养目标、更新教学资源、创新教学模式、加强校企合作等，不断地提供更加符合社会与企业需求的电子商务专业人才。首先，应该建立高质量的师资队伍，培养一批了解企业需求、具有实际工作经验的教师队伍。如建立校企合作基地，共同开发模拟实战的实验室。其次，应该改进教学手段，可以学习国内外先进高校的经验，如充分利用多媒体和网络等手段来提高教学效果。最后，通过理论与实际的结合，进行电子商务实践教学，如通过

自建或与企业联建等方式建立电子商务专业实践基地。

（二）以企业发展为目标，设计企业内部晋升培训课程

符合电子商务企业实际需要的人才，如高端人才，在很大程度上就需要通过培训和实践来培养。据近年发布的中国电子商务人才状况调查报告中数据显示，有竞争力的薪酬、良好的企业文化、良好的培训晋升制度，仍然是企业留住人才最关键的三大措施，企业对电子商务人才的培训已成为常态。电子商务企业必须根据企业发展目标和实际需求制定员工培训制度，明确人才培训的职责与分工、经费支持、培训方式、具体实施以及评估与反馈等管理工作。对企业电子商务人才培训一般由人力资源部统筹管理，各部门配合，培训方式主要有课程培训、在岗实践、导师制、轮岗制、外部学习等。最后对培训实施工作进行评估与反馈，提出修订与完善建议，不断改进和提升培训工作水平，提高培训质量。

（三）以服务行业发展为目的，设计政府培训课程

在电子商务发展过程中，国家政策的支持、导向、管理和服务，是电子商务迎来井喷式发展的重要因素。在各级政府的支持下，对电子商务人才的培训正在如火如荼地开展，这不仅促进了电子商务在各地区的快速发展，也缓解了电子商务发展的人才瓶颈问题，壮大了电子商务人才队伍。首先要成立电子商务领导小组，确定培训的实施机构，如各社会培训机构、相关行业协会、高校等。由培训机构负责培训计划的制订、师资组织、课程设计、教材编写、培训工作安排、电子商务创业辅导、电子商务人才就业推荐及培训成果评估等工作。通过各级政府培训机构举办培训、政府购买服务，社会培训机构参与培训、邀请全国知名电商企业或专业电商培训机构开展培训等方式组织培训具体实施工作。对社会各阶层有志于学习电商知识的人员与群体进行电商基础知识、网购、网销、网络维护、电商服务等培训。

（四）以输出适用型人才为导向，设计机构培训课程

当前，电子商务行业的快速发展导致人才供应不足。一方面不同

电商形态的快速推进和电子商务生态环境的不断丰富，如新零售、物联网、跨境电商、农村电商、人工智能、现代物流，都需要大量的专业人才；另一方面，高校培养的电子商务人才不能很好地适应行业发展的要求。因此，需要引入社会培训机构的力量来为电子商务企业培训出适用型技术操作和商务管理人才。社会培训机构可以利用高校优质的教学资源，结合企业的最佳实践，共同打造实效的电子商务人才培训方案，采用应用型“订单式”人才培训输出模式，实现学员高品质就业，这样既缓解了电子商务专业学生“就业难”问题，又为电子商务行业发展提供了适用型电子商务人才。

四、教学实施

以实施各省发展电商工程为抓手，积极开展企业所需的电子商务各层次人才培育工作。

（一）搭建平台

1. 设立电子商务实训基地（人才孵化中心）、研究院

由各级商务主管部门牵头，省内外高校和知名电子商务企业参与，在各设区市设立电子商务实训基地（人才孵化中心），并积极与国家专业技术人员继续教育基地对接，争取将实训基地（人才孵化中心）作为分基地。合作企业在基地内提供相关的实战案例课程、咨询服务、人才招聘会等，并鼓励企业提供实际项目入校，训练学员提早对接企业项目，做好创业、就业准备。各级商务主管部门应借实训基地积极会同同级人力资源和社会保障部门共同牵头开展电子商务专业人员的继续教育、创业培训和电商人才创业孵化，培育电子商务创业带头人，形成创业带动就业的良好机制。条件成熟的设区市可组建电子商务研究院，提供电子商务发展战略和规划布局的研究。

2. 搭建省级电子商务培训网络学习平台

各省商务厅以服务外包形式委托社会专业服务机构，搭建“省级电子商务培训网络学习平台”，开发各模块培训课件，通过网络学堂，

让受训学员尤其是各类院校学生在校期间就可在网络平台上进行电子商务知识拓展学习。鼓励平台与电商企业深度合作，鼓励平台开放给电商企业作为人才招聘平台，以短期的“订单式”培训为受训学员增加实训机会，增加学员与企业双向选择的机会。

（二）组织培训

开展电子商务专才培训、电子商务管理高级研修班、电子商务大讲堂、电子商务沙龙、电子商务论坛（峰会）、电子商务大赛等系列活动。

1. 电子商务专才培训

（1）鼓励和支持各大电商平台、互联网企业的服务机构（如淘宝大学、百度营销大学、跨境电商网等）、社会专业服务机构面向全省各类人员开展形式多样的专业培训，包括国家电子商务职业资格认证培训，以加速培养适合企业需求、具有创新能力的技术型、商务型和战略型电子商务人才。

（2）支持各地电子商务产业基地（园区）设立电子商务人才培训中心，针对园区内电子商务企业需要，提供网络客服、美工设计、仓储物流、运营推广、平台建设、物流管理六个方向岗位和国际电子商务领域人才的中、短期专业培训，培养尽可能多的高素质本土电子商务人才，为本土电商企业搭建好平台提供人才支撑。

（3）充分发挥国家专业技术人员继续教育基地分基地作用，联合商务部中国国际电子商务中心、省人社厅，积极开展电子商务人才继续教育与电子商务岗位能力培训工作，为电子商务全产业链的应用提供专业、全面、系统、实用的知识与应用型电子商务中高端人才。

2. 电子商务管理高级研修班

由各级商务主管部门牵头主办，可采用服务外包形式交由行业协（商）会或社会专业服务机构具体承办实施，主要面向各级商务主管部门干部、电子商务产业基地（园区）负责人以及电子商务行业协（商）会会长、秘书长和企业高管。研修班根据需要不定期开班，研修班围绕电子商务发展趋势、电商有关规划、政策制定、企业服务、电商模式创新、传统企业发展电商策略、大数据应用、电商投融资以及绩效管理和团队建设等内容开设，追踪电子商务热点、焦点问题，致力于传递电子商务新理念、新观念、新模式，分享先进电商管理知识，致力于提升政府主管部门对电子商务工作的宏观管理能力和服务水平，拓宽企业电子商务视野，培养高端电子商务专业人才。

3. 电子商务大讲堂

由各级商务主管部门支持、倡导，可采用服务外包形式交由行业协（商）会或社会专业服务机构具体实施。各地“大讲堂”至少每季度开讲一次，每次讲座内容根据电商形势分析，紧跟本地产业发展特点和需求，以及致力于帮助企业软实力的提升来设定，使更多的企业受益。

4. 电子商务沙龙

各级商务主管部门支持、倡导，以服务外包形式交由行业协（商）会或社会专业服务机构具体实施。沙龙至少每两周开展一次，可采取企业走访、问题诊断、专题讲座与交流等形式，引导企业进行资源共享、整合，互帮互助，抱团学习成长，解决电商运营中的问题与困惑。

5. 电子商务论坛（峰会）

各级商务主管部门支持、倡导或牵头主办，以服务外包形式交由行业协（商）会或社会专业服务机构具体实施。

（1）各地举办的电子商务论坛（峰会），形式不拘，旨在“汇聚全球电商力量，推动本地电商发展”。定位为各级政府主管、行业组织、商界领袖、电商企业和专家学者的高端对话。

（2）搭建海峡两岸电子商务论坛，邀请两岸电子商务研究领域的专家学者定期共同就全球电子商务相关领域（移动互联网、互联网、大数据分析、穿戴式设备、电子商务、在线教育等）发展议题进行研讨，并推动两岸电商企业在经验交流、产品交流、人才交流上有实际贡献。

6. 电子商务大赛

各级商务主管部门全力支持行业协（商）会或社会专业服务机构，可会同同级人力资源和社会保障部门，联合高校、企业、传媒等共同开展各种形式的电子商务大赛等活动。通过竞赛活动，树立成功电商榜样企业，沉淀优秀网商讲师。电子商务大赛竞赛形式及主题应多元创新，包含电子商务运营模式创新、团队管理、全网营销实战技巧、网店美工设计、电子商务创业模拟等。竞赛优先与省内知名电商企业合作。鼓励以两岸交流为主题的竞赛活动。

第三节 电子商务社会培训体系之组织体系建设

一、成立省电子商务专家委员会培训指导专委会

各省商务厅会同省人社厅总牵头，主要由省内外高校知名电商教授、社会知名电商专家和知名电子商务企业高管等参与，组建各省电子商务专家委员会培训指导专委会，负责对全省有关电子商务的培训工作包括培训平台和体系建设、培训活动以及对培训过程进行指导建议和监督评估。

二、建立培训考核认证体系

由各省商务厅、省人社厅总牵头，会同省财政厅，以服务外包形式委托社会专业服务机构组织，发挥省电子商务专家委员会培训指导专委会和高等院校以及电子商务相关研发机构的优势，共同组织整合内外部专家资源，在电子商务师国家职业标准的基础上，结合各省电子商务发展对专业人才在各领域多方向上的具体需求，开发相应的电子商务师职业标准、培训教材以及职业技能鉴定题库，逐步建立一套符合各省实际的电子商务技能培训、考核认证体系。

三、认定实训基地（人才孵化中心）

各级商务主管部门会同同级人力资源和社会保障部门，认定一批具备较强实力，电商岗位较全面的各级电子商务产业基地（园区）、电子商务平台企业、电子商务服务企业、网商企业等作为电子商务人才培训的实训基地（人才孵化中心）。

四、建立师资数据库

由各省商务厅牵头，联同省级及各市、县电子商务协（商）会等社会服务机构，建立全省电子商务优秀讲师师资数据库，建立师资档案，为各地电子商务培训工作提供师资保障。

五、建立上下联动联办和委托第三方承办的培训模式

建立省、部联办，省、设区市、县（市、区）联办和省、县（市、区）联办以及委托协（商）会或社会专业服务机构组织承办的培训模式，充分发挥各方优势，有序推进各项培训工作，确保长远发展、务实管用，形成社会联动、齐抓共促的良好格局。

六、组织参加培训

电子商务知识普及培训由各级商务主管部门组织发动。电子商务专业人才和高级人才培训，由各级商务主管部门会同同级人力资源和社会保障部门牵头组织实施，同时借助媒体宣传，鼓励企业相关人员、未就业或再就业人员、各类院校学生参加培训并获得相应的职业资格证书。

第四节　电子商务社会培训体系之保障体系建设

一、明确责任分工

各级商务主管部门要按责任分工，将电子商务培训工作列入重要

议事日程，明确分管领导和专职负责人。按照“统筹规划、科学安排、注重实效”的要求，做好培训师资选配、计划安排等工作的监管以及培训管理、统计等工作，准确反映培训的实际情况，强化培训效果评估，提升培训质量。

二、加强对实训基地的监督和管理

在电子商务人才培训实施过程中，对经认定的实训基地要采取重点抽查、定期汇报的方式进行培训质量考察和监控；被认定的实训基地要实行培训和认证情况报告制度，每年6月和12月各实训基地需要就半年以来的培训人数、培训场次、学员反馈及后续成效情况等上报省商务厅，作为动态评估内容。

对经认定的实训基地实行动态管理。一是加强对实训基地的业务指导，督促不断完善和充实培训内容，改进实训方式，把握电商产业动态和行业趋势，增强实训的针对性、实操性。二是建立实训基地年检制度。每年3月对实训基地上年度培训情况进行总结评估，引入学员对机构打分制度，对上年度实训质量较差、培训后学员满意度反馈和后续成效低的，不再继续认定其实训基地资格，同时对于学员满意度和考核成效高的实训基地进行相应激励。

三、推动有序的人才交流

完善政府部门宏观调控、市场主体公平竞争、中介组织提供服务、人才自主择业的人才流动配置机制。通过搭建各种形式的人才交流平台，为省内各类电子商务人才与企业需求进行对接。鼓励引进高层次电子商务领军人才和创业团队以及网络实操人才，对于引进的电子商务专业人才可按照各省引进高层次创业创新人才办法等政策要求，享受创业、教育、医疗、投融资担保以及个人住房、子女入学、学术研修津贴补助等优惠政策，打造良好的电商人才流通环境，引导各类电商人才合理有序流动。

四、营造良好的宣传氛围

要充分发挥宣传部门和新媒体的作用，开辟专栏，及时发布培训信息。充分发挥各媒体的舆论引导和监督作用，及时宣传和推广电子商务人才培训中的好经验、好做法。

五、给予财政补助

根据各省人民政府关于进一步加快电子商务发展的若干意见的精神，各级商务主管部门应会同同级财政局、人力资源和社会保障部门将电子商务培训纳入本级就业专项资金的支持范围，根据电子商务行业特点，出台支持电子商务培训的具体措施。对参加电子商务人才培训并获取相应职业资格证书的人员进行一定补助，同时表彰、奖励优秀的服务机构和实训基地，并对培训考核认证体系开发等方面给予一定补助。各级商务主管部门会同同级人力资源和社会保障部门对符合相关条件的人员、企业和培训机构，根据文件规定，优先享受相关政策措施。

第五节　电子商务社会培训体系之评价体系建设

评价培训工作既需要评价其培训能力，也要考查其培训数量和规模，还要分析其培训结构，衡量其培训质量，看其培训的效益。这样既考查培训能力和培训过程，也考查培训结果和培训效益，形成能力、数量、质量、结构和效益五个具有内在逻辑关系的分析维度。在各维度之下分别构建一级指标和二级指标，形成评价指标体系。

一、基础评价指标：培训能力

能力即是否具有培训能力、有多大的培训能力，是培训投入和培训条件的体现，是评价需要考查的首要内容。能力主要分硬件和软件两个方面（两个一级指标），其中硬件主要包括培训空间场地、培训设施以及信息化建设三个二级指标。空间场地主要考查可以用来培训的空间和建筑面积，涵盖教室、实训基地、宿舍、食堂等观测点，这些是开展培训必需的基础设施，标识培训容量和接纳能力；培训设施主要涵盖工位数、台套数以及教学仪器设备值等观测点，考查可以培训动手实践的程度和层次；信息化水平主要包括移动学习平台、在线培训项目、数字化课程资源和虚拟仿真实训系统等观测点，考查培训的现代化水平以及远程培训能力。

软件主要包括市场意识、骨干专业、师资队伍、培训管理以及课程资源等二级指标。对培训市场是否敏感、敏感程度如何，一定程度上决定培训工作开展的好坏。只有通过对培训市场的调查研究，了解行业企业职工的学习需求，才能精准、有效地开展培训，提升培训能力。骨干优势专业标志着培训机构电子商务培训专业的成熟度，既可以看出培训机构发展与地方经济和产业结构的匹配度，也可以观察培训工作与培训机构专业建设的契合度，判断培训与教育教学是否有机融合。师资队伍分为数量和质量两个观测点，数量包括专任教师以及兼职教师两者的数量多少，作为判断培训机构教师结构的依据。质量包括培训机构自有培训师、兼职培训师的教学能力以及对教师从事培训的激励措施。数量和质量综合起来考查具有培训能力教师的比例有多少，同时也引导培训机构积极组织自有教师、行业企业专家能多方力量参与到培训中来。培训管理主要考查培训机构是否具有专门的组织机构和团队来管理和运营培训事务，相关规章制度建设是否健全，资源统筹整合是否到位等。培训机构只有具有完备的培训顶层设计，才能有力推动培训。课程资源是培训机构培训软实力的重要体现，也是培训的核心竞争力之一。该指标主要涵盖培训教材、培训课程、与全日制学历教育融通情况以及资源平台建设等观测点。前二者主要反映培训内容的开发水平，后二者主要反映培训机构课程建设的灵活性以及与学历教育、社会培训资源之间的交流沟通程度。

二、过程评价指标：培训规模、质量和结构

培训规模即培训数量的多少，主要有人次、人日（人时）和培训方式三项考查指标。为避免单一指标说服力不强，采用人次和人日两个指标来衡量培训规模，既考查次数也考察时长，较为全面和科学。培训人数还可以与全日制在校生数进行比较，测试培训的能力和开展力度。培训方式主要考查面授培训和远程培训各自的数量和二者比例，考查现场培训和远程培训的能力。

培训质量显示培训开展得是否有效，可以采用证书、创业以及满意度三项一级指标进行测量。证书包括职业资格证书和结业证书两种，既考查证书获得的数量，也要分析两种证书获得的比例，将数量和比例结合起来。学员创业情况作为培训质量的又一指标，采用创业人数和创业比例两项指标进行考查。在国家大力倡导创新创业的背景下，培训工作也应该有所体现和贡献。学员满意度测评，是受训人员对职业院校培训工作的直接反馈，理应作为培训工作质量的衡量指标之一。

关于培训结构，主要包括岗前培训、技术技能培训、轮岗转业培训、晋升培训、高端研修培训及其他职业性培训等。分别考查这些指标的数量和所占比例，判断培训工作的类型结构和分布情况。岗前培训主要是从业前的培训；技术技能培训是针对从事电子商务职业及相关岗位所需技术技能的培训或提升培训；轮岗转业培训是工作人员调换工作岗位或从事其他职业进行的培训；晋升培训是针对升职进行的必要的业务和管理等专业培训。以上各种培训基本上可以分为公益型和市场型两大类，公益型培训是为政府指定或委派的培训任务，达成预期社会效益，收费低廉或者免费，如农民工培训、复转军人培训等。市场型培训是培训机构根据市场需求提供的培训服务，是培训供需双方的协议行为，一般收费较高。

三、结果评价指标：培训效益

培训效益是培训工作的外显和社会影响力的彰显，可以从经济效

益、社会效益、机构效益以及第三方评价四个方面进行考查。经济效益即培训收入，是考查培训规模的硬指标，比培训数量和规模更有说服力，更可考查、更易检测，也是培训能力的重要体现。社会效益彰显的是培训工作的社会影响力和社会贡献度，是服务区域经济和行业企业的结果和体现，是社会各方以及行业企业反馈的结果。机构效益主要考查从事培训是否对培训机构其他工作具有推动作用以及作用的大小，比如：与专业建设的协同共生，师资队伍的教学相长，教育教学改革的推动，校企合作的深化等。第三方评价是社会其他非官方机构对培训工作的评价和认可程度。

随着我国宏观经济社会形势变化的催化和推动，以及职业教育自身改革发展的深入推进，电子商务社会培训的成效会日益突出，在我国由人力资源大国迈向人力资源强国的过程中发挥更大的作用。

第六节　电子商务社会培训体系之运行机制建设

一、建立政府主导、多方合作的运行机制

由各省各地市电子商务发展工作领导小组办公室主办培训，第三方培训服务商、电子商务公共服务中心负责组织培训师资资源、课程设置和培训日常事务等工作。在此机制下，积极探索电子商务培训的基本规律，采用灵活教学的方式，引导学员走电商创业成才之路。

二、建立培训中心为依托、多类型的培训举措

（一）电商技能会员培训服务

课程设置紧贴淘宝店铺综合技能展开，分别进行系统持续的运营营销课、美工课、摄影课、微商课等内容。通过多培训、多分解、多实操的办法来持续提升会员的电商实战技能。

（二）座谈会服务

运营团队与培训学员以沙龙座谈的形式，分享经验、交流心得、总结办法等，互助互惠，不断地助力会员获得系统发展电商的互联网思维、运营思维及运营能力。

（三）产品供应链（分销）服务体系

建立公共仓储服务，为各类学员提供代仓储、代包装、代发货功能。提供专业的品控服务、专业的供应链培训服务、产品电子商务标准化工作指导、产品可追溯体系建设的工作指导服务等。

（四）信息化服务体系建设

汇集政府各部门的电商发展政策，整合并解读各地市创业政策并提供常见问题咨询与解答；收集推送各类电商行业最新资讯、电商相关系统类学习课程、各大电商平台渠道信息服务及搭建等。通过全方位信息化服务体系建设，助力企业更好地在电商事业上获得长远发展。

（五）电商政策解读

汇集政府各部门的电商发展政策，为网上创业青年整合并解读全县各部门各单位的创业政策。鼓励青年创业，就青年在准备网上创业和实际创业的过程中遇到的各类常见问题提供咨询与解答。

第六章　电子商务社会培训方案

一、电子商务社会培训课程体系架构

电子商务社会培训课程体系架构如图 6-1 所示。

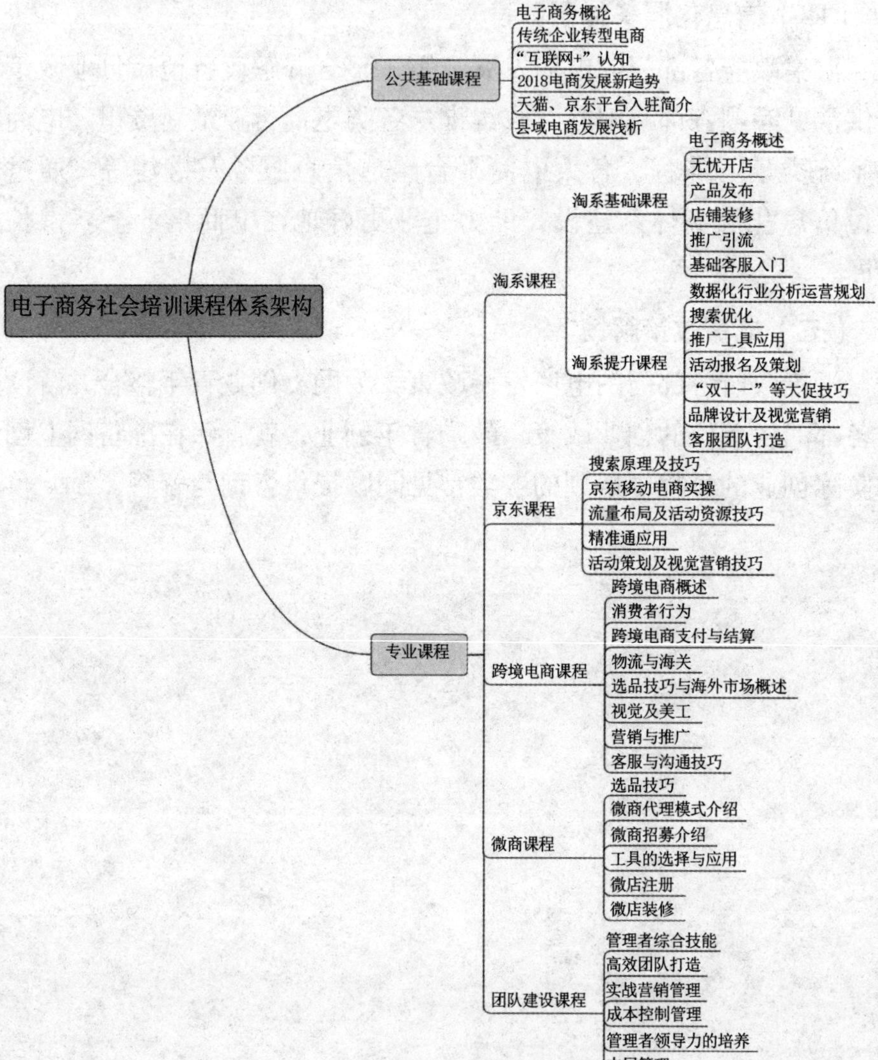

图6-1　电子商务社会培训课程体系架构

二、电子商务社会培训各类模块简介

公共基础课程模块简介如表 6–1 所示。

表6–1　公共基础课程模块简介

主题	提纲
1.电子商务现状	（1）从数据看互联网现状与发展 （2）电商模式介绍 （3）零售电商平台分析及特点 （4）电商团队规划 （5）电商就业难题与机会
2.传统企业如何转型进入电商	（1）从数据看电商行业的现状与发展 （2）传统企业转型电商的困惑 （3）电商行业发展新趋势，如何快速拥抱互联网
3.拥抱“互联网+”，让生意更简单	（1）“互联网+”的本质和进程 （2）“互联网+”在目前各行业的发展概况 （3）“互联网+”，我该怎么做
4.电商发展新趋势	（1）电商整体发展趋势简介 （2）京东、天猫等平台最新变化 （3）移动互联网发展情况及数据解析
5.天猫、京东平台介绍及入驻流程	（1）天猫、京东主流电商平台发展介绍 （2）天猫平台入驻流程及企业要求介绍 （3）京东平台入驻流程及企业要求介绍
6.从大数据看县域电商发展	（1）什么是县域电商 （2）阿里巴巴、京东如何布局县域电商 （3）展望中国电商的未来 （4）县域电子商务发展之道

淘系基础课程模块简介如表6–2所示。

表6–2 淘系基础课程模块简介

主题	提纲
1.电子商务现状	（1）从数据看互联网现状与发展 （2）电商模式介绍 （3）零售电商平台分析及特点 （4）电商团队规划 （5）电商就业难题与机会
2.无忧开店	（1）开店前准备 （2）账号注册及关联 （3）店铺信息设置 （4）规则学习以及特色服务 （5）工具准备
3.网店选品与发布	（1）自身定位 （2）产品定位 （3）人群定位 （4）价格定位 （5）货源渠道 （6）商品发布
4.店铺装修设计	（1）打造精品首页 （2）打造精品详情页 （3）主图尺寸及设计要领 （4）PC端首页各模块尺寸标准及上传流程 （5）PC端详情页尺寸标准及上传流程 （6）手机端页面尺寸及上传流程
5.推广引流	（1）流量入口分类 （2）免费流量 （3）付费流量 （4）活动流量 （5）站外流量

续表

主题	提纲
6.客服	（1）规则 （2）日常工具应用 （3）新员工客服入职培训 （4）客服岗前商品知识培训 （5）客服接待售前流程 （6）客服的接待与沟通 （7）客服接待售前及投诉

淘系提升课程模块简介如表6–3所示。

表6–3　淘系提升课程模块简介

主题	提纲
1.行业分析、店铺定位	（1）行业分析、子类目趋势 （2）竞品调研、做哪些特征的产品 （3）买家画像、这些产品卖给谁 （4）价格定位、什么样的价格切入市场 （5）品类矩阵、店铺产品布局
2.数据化运营规划	（1）什么是数据化运营? （2）无线流量规划 （3）单品转化提升 （4）店铺客单运营 （5）深耕数据、细致运营
3.无线单品突围及搜索提升	（1）数据化选款、测款 （2）全新搜索规则解密 （3）数据化选词、筛词，标题组合优化
4.无线单品突围及直通车助力	（1）无线直通车精细化运营 （2）快速提升无线质量得分 （3）快速提升无线点击率 （4）推广数据跟踪与优化 （5）引爆单品无线搜索流量

续表

主题	提纲
5.搜索优化	（1）关键词拆分、匹配原理解析 （2）橱窗、上下架时间优化解密 （3）人气权重解析、新品销量爆增技巧
6.钻展	（1）了解钻展 （2）投放准备 （3）计划创建 （4）定向技巧 （5）溢价技巧 （6）优化三步 （7）钻展应用
7淘宝客	（1）淘宝客ROI规划 （2）淘宝客（组合拳） （3）淘宝客流量筛选 （4）爱淘宝与无线
8.活动引爆及店铺突围	（1）为什么报的活动总是不通过? （2）活动规则与审核节奏解析 （3）活动报名与通过技巧披露 （4）活动目标规划与分解 （5）活动预热与引爆秘籍
9.聚划算活动	（1）聚划算的全年规划 （2）聚划算的转化 （3）如何保障聚划算的引流 （4）聚划算如何做到数据化运营 （5）如何提高审核通过的概率

续表

主题	提纲
10.“双十一”专场	（1）“双十一”运营规划 （2）“双十一”视觉营销 （3）“双十一”客服
11.店铺装修设计	（1）品牌定位 （2）店铺定位 （3）定位实施的战略 （4）视觉呈现 （5）购物体验 （6）功能元素
12.客服	（1）客服精英售前培训 （2）关联销售提高转化 （3）沟通技巧提高客单价 （4）催付技巧转换询单率

京东课程模块简介如表 6–4 所示。

表6–4　京东课程模块简介

主题	提纲
1.京东运营专场	（1）京东站内免费资源大全 （2）京东站内付费资源大全 （3）京东企业客户采购注意事项 （4）数据罗盘之流量 （5）数据罗盘之转化 （6）数据罗盘客户分析 （7）玩转无线不可不知的三大铁律 （8）新店在三个月内冲进TOP30的秘诀

续表

主题	提纲
2.SEO搜索新规及实操精讲专场	（1）揭秘京东搜索引擎工作原理 （2）京东PC端搜索排名规则及权重详解 （3）京东PC端类目排名规则及权重详解 （4）京东移动端排名规则及权重解析 （5）京东搜索规则变化趋势及动向 （6）SEO标题优化技巧 （7）SEO搜索诊断与案例分析
3.京东移动电商实操专场	（1）粉丝运营宝典： ①"精粉世家"如何快速增加粉丝 ②粉丝分类运营技巧 ③如何规划粉丝利益系统 ④粉丝活跃激活策略
	（2）微信基础运营宝典： ①基础内容运营策略 ②粉丝活动运营策略 ③数据分析策略 ④营销功能及辅助营销软件攻略
	（3）去中心电商爆发宝典： ①京东微店运营策略 ②拍拍微店运营策略 ③微店及微商城运营策略 ④社交人群大数据分析及可推动单品分析 ⑤社交爆款打造宝典 ⑥社交单品营销11步曲 ⑦去中心化整合营销策略 ⑧案例分析

续表

主题	提纲
4.京东高转化率流量位分布及活动资源位对接	（1）京东流量360° 大解密 （2）运营沟通资源对接技巧揭秘 （3）活动资源整合营销技巧 （4）京东金牌客户营销技巧 （5）优秀活动案例分享
5.如何利用京准通提升销量	（1）如何利用京准通做好SEO （2）如何利用京准通测试爆款 （3）如何利用京准通带动高毛利商品销量 （4）如何提升京准通ROI
6.策划及视觉营销推广专场	（1）活动策划技巧与执行 （2）活动设计与节奏把控 （3）活动营销推广技巧 （4）视觉营销素材制作技巧 （5）营销推广渠道选择 （6）全年活动规划与布局
7.爆款打造沙盘演练专场	（1）数据分析 （2）爆款切品及选品 （3）爆款打造准备 （4）爆款打造流程及实操 （5）沙盘演练

跨境 / 速卖课程模块简介如表 6-5 所示。

表6-5 跨境、速卖通课程模块简介

主题	提纲
1.跨境电商概述	（1）跨境电商的产生背景 （2）跨境电商的定义 （3）跨境电商的业务流程 （4）跨境电商的业务模式 （5）跨境电商的特点与优势 （6）跨境电商的发展现状 （7）跨境电商从业人员职业能力与素养 （8）实训
2.跨境电商经营规则与知识产权	（1）跨境电商经营规则概述 （2）跨境电商经营规则分类 （3）跨境电商知识产权概述 （4）跨境电商知识产权实例 （5）实训
3.跨境电商消费者行为	（1）跨境电商消费者行为概述 （2）跨境电商消费者行为特点 （3）跨境电商消费者行为差异 （4）跨境电商消费者价格敏感度 （5）跨境电商消费者心理分析 （6）实训
4.跨境电商支付与结算	（1）跨境电商网络支付原理 （2）跨境电商支付渠道与工具 （3）跨境电商移动支付 （4）跨境电商支付风险防控 （5）跨境电商提款与结汇 （6）跨境电商支付的发展前景 （7）实训

续表

主题	提纲
5.跨境电商国际物流与海关	（1）国际物流概述 （2）国际物流分类及特点 （3）常见国际物流方式运费核算 （4）国际物流包装 （5）报关 （6）清关（涉及关税） （7）实训
6.跨境电商选品与海外市场	（1）跨境电商选品概述（要涉及产品生命周期理论） （2）跨境电商品类管理 （3）跨境电商产业带 （4）跨境电商海外市场概述 （5）跨境电商海外市场调研 （6）实训
7.跨境电商视觉美工	（1）视觉美工概述 （2）产品拍摄与规划 （3）产品拍摄常识 （4）布光、构图与取景 （5）产品图片处理 （6）实训
8.跨境电商商品呈现（基于速卖通/敦煌网实操）	（1）搜索引擎基本原理（站外和站内，如Google，Bing 等） （2）类目 （3）属性 （4）标题 （5）图片 （6）详情页 （7）定价 （8）实训

续表

主题	提纲
9.跨境电商营销推广	（1）跨境电商营销理论 （2）跨境电商运营策略 （3）跨境电商站内营销活动 （4）跨境电商移动营销 （5）跨境电商 SNS 营销 （6）实训
10.跨境电商采购与供应链管理	（1）跨境电商采购概述 （2）跨境电商质检与入库 （3）跨境电商供应链管理概述 （4）跨境电商供应链优化 （5）实训
11.跨境电商仓储与配送	（1）跨境电商仓储管理概念 （2）跨境电商仓储的现状与发展 （3）跨境电商订单处理 （4）跨境电商物流追踪 （5）跨境电商 ERP （6）实训
12.跨境电商客服与沟通	（1）跨境电商客服工作范畴 （2）跨境电商客服工作目标 （3）跨境电商客服工作惯例 （4）跨境电商客服工作技巧 （5）跨境电商沟通概述 （6）跨境电商纠纷与解决 （7）评价（评论、晒图等） （8）跨境电商客户关系管理 （9）实训

续表

主题	提纲
13.跨境电商岗位与职业发展	（1）跨境电商岗位概述 （2）跨境电商岗位能力分析 （3）跨境电商人员薪酬福利、绩效考核与晋升 （4）跨境电商职业发展规划 （5）实训
14.跨境电商前沿与展望	（1）品牌化 （2）移动端 （3）多语言 （4）本地化 （5）海外仓 （6）异地操作 （7）内部创业 （8）实训

微商课程模块简介如表 6–6 所示。

表6–6　微商课程模块简介

主题	提纲
1.选择共性产品	（1）复购率（价格低，易耗品，受众广） （2）毛利空间（不能低于40%） （3）产品质量（售后少，破损少，包装牢靠，发货快，退换货快） （4）季节性（四季长销与短促产品结合，节日与活动产品） （5）易展示、易传播 （6）品牌影响力：推广自己的品牌

续表

主题	提纲
2.微商代理模式	（1）渠道微商及案例（优点：快速裂变，战斗力强。缺点：启动难度大，运营难度大，稳定性弱，以培养圈人） （2）直销微商及案例（优点：容易启动，一劳永逸，稳定性强。缺点：人员专业要求高，规模化难度大，以技术圈人） （3）结合产品哪种机制适合什么产品
3.微商招募/初建招募、多次招募	（1）达人转，宣传举例达人 （2）现有资源，老客户转化成为经销商 （3）包裹带宣传：怎么展示，文案图片写在哪里
4.微营销工具的选择与使用	（1）微店，有赞，企业私号，企业订阅号，企业创始人私号 （2）朋友圈装修，个人微信号取名技巧，微信头像设置规则 （3）个性签名，朋友圈封面朋友圈运营技巧，微商内容如何吸引人 （4）朋友圈文案用词技巧、微商发图，发布的黄金时段

团队建设课程模块简介如表 6–7 所示。

表6–7　团队建设课程模块简介

主题	提纲
1.管理者综合技能	（1）管理者角色定位认知 （2）管理者职业化塑造 （3）职场商务礼仪 （4）职业生涯规划 （5）如何理清管理思路 （6）问题分析与解决技巧 （7）如何利用法律保护企业合法权益 （8）激励性薪酬体系建设

续表

主题	提纲
2.打造高效团队	（1）高效团队建设 （2）团队协作与冲突管理 （3）部署培育 （4）有效激励员工 （5）大客户营销与关系管理
3.实战营销管理	（1）顾问式销售技术 （2）双赢谈判策略 （3）高绩效“狼”型营销团队建设 （4）大客户营销与关系管理
4.成本控制管理	（1）非财务人员的财务管理 （2）非人力资源的人力资源管理 （3）精细化生产运作 （4）采购成本降低技巧及供应商管理
5.管理者领导力培养	（1）公众演说艺术 （2）情景领导 （3）管理者领导艺术
6.中层管理	（1）中层管理者的角色认知 （2）中层管理者的领导艺术 （3）中层管理的授权与激励 （4）中层管理者的目标管理 （5）中层管理者的时间管理 （6）中层管理的沟通管理 （7）中层管理的会议管理 （8）中层管理的部属培养 （9）中层管理的团队建设

团队活动模块简介如表6–8所示。

表6–8 团队活动模块简介

私董会	主题沙龙	平台推广联合营销
目标：思维碰撞、资源共享 内容：封闭论坛、主题交流	目标：拓宽互联网思维、企业交流合作资源 内容：团队管理及架构搭建、物流仓储解决方案、电商财务、员工绩效考核、品牌策划与营销、执行力提升、时间管理等	目标：流量细分、平台流量下滑、优质流量难寻，通过商家的产品特性、品牌优势结合全网平台，进行多渠道推广合作，让会员企业打开全新的流量渠道，提升销量的同时快速抢占核心用户群，形成最强品牌群体
会员间走访交流	**游学参观**	**招聘专场**
目标：会员企业新品发布、企业品牌推广，互相交流，优秀企业、电商平台等参观学习企业文化制度流程、供应管控等，零距离感受中国电商的企业文化、发展方向	优秀企业及平台游学：互联网及电商公司，如阿里巴巴、京东、腾讯、小米、海尔大学等；代表性会员企业，如谢裕大茶业、燕之坊粗粮等	目标："互联网+"及电子商务的迅猛发展，如何让企业紧跟上节奏，人才的梯队建立及补充成为关键因素，每年两次的专场招聘会将为企业快速解决招人难、招不到人的问题

三、电子商务社会培训各类方案简介

（一）短视频培训方案

1. 培训服务背景

据第43次《中国互联网络发展状况统计报告》显示，截至2018年12月，短视频用户规模达6.48亿人，用户使用率为78.2%。短视频成为各类媒体竞争的重要市场和资源，短视频使虚拟生活现代化程度更高。移动短视频实现传播的即时性，具有重大的社会价值，在电子商务领域得到广泛应用并取得了显著成效。熟练掌握移动短视频相关技能，将极大提高电子商务的竞争力。企业和电商青年更应该抓住发展机遇，加强自身学习，快速融入互联网发展的大环境。

2. 培训服务对象及目的

（1）培训及服务对象：本地企业、合作社、微商群体、农户等。

（2）课时：约 2 天，共 12 课时。

3. 培训安排（表 6–9）

表6–9 短视频培训安排

时间	主题	内容
第一天 上午 8:00 ~ 12:00 下午 14:00 ~ 19:00	玩转抖音	（1）短视频类型介绍及发展现状与趋势 （2）抖音电商的爆单要素及案例分析 （3）如何打造出高转化率的抖音账号 （4）合格好视频的三个维度解析 （5）抖音的规则红线 （6）“小白”如何写视频脚本和标题 （7）抖音爆款打造专用模板
第二天 上午 9:00 ~ 12:00	如何拍摄及剪辑视频	（1）拍摄基础（曝光准确、主题明确、画面稳定） （2）视听语言（构图、画幅、景别、角度、视点、镜头运动、声音和配乐） （3）剪辑的定义 （4）PC端剪辑软件入门（Premiere和Final Cut Pro 抖音剪辑基础操作） （5）移动端剪辑App精讲

（二）淘宝网店基础培训方案

1. 培训人群

准备开淘宝网店、对电商感兴趣的学员。

2. 培训目标

帮助解决注册店铺、发布宝贝、装修店铺，让学员懂得基础运营及报活动等知识，通过理论学习及课堂实践操作对淘宝店铺有初步了解。

3. 课时

2 天，共 16 课时。

4. 培训安排（表 6–10）

表6–10　淘宝网店基础培训安排

时间	主题	课程内容
第一天 上午 8:00 ~ 12:00	店铺管理及商品发布	（1）商品上架准备（图片、描述） （2）后台上传（属性、标题、宝贝描述） （3）店铺产品类目管理 （4）店铺基础设置
第一天 下午 14:00 ~ 18:00	SEO优化及规则解析	（1）自然搜索、寻找关键词、组合标题 （2）上下架优化、标题优化 （3）类目流量、属性相关性、类目优化
第二天 上午 8:00 ~ 12:00	付费推广工具介绍及日常平台活动报名解读	（1）直通车、钻展、淘宝客三大付费推广工具介绍 （2）淘宝官方活动淘金币、天天特价、试用中等平台活动解读 （3）平台活动报名的注意事项
第二天 下午 14:00 ~ 18:00	店铺页面装修及详情页打造	（1）店铺装修设计思路梳理 （2）店铺首页架构分析 （3）详情页的模块规划及模块搭建 （4）详情页的设计流程和操作规范

（三）电商基础培训方案

1. 培训目的

电商基础班旨在帮助学员解决注册店铺、发布宝贝、装修店铺，让学员懂得基础运营及报活动等知识。通过理论学习及课堂实践操作的形式，帮助学员快速吸收课堂知识点，让学员对淘宝店铺有初步的了解。

2. 培训对象

准备开淘宝店铺、对电商感兴趣的学员。

3. 培训时长

3 天，共 18 课时。

4. 培训安排（表 6-11）

表6-11 电商基础培训安排

时间	主题	内容
第一天 上午 9:00 ~ 12:00	店铺管理及商品发布	（1）商品上架准备（图片、描述） （2）后台上传（属性、标题、宝贝描述） （3）店铺产品类目管理 （4）店铺基础设置
第一天 下午 14:30 ~ 17:30	SEO优化及规则解析	（1）自然搜索、寻找关键词、组合标题 （2）上下架优化 、标题优化 （3）类目流量、属性相关性、类目优化
第二天 上午 9:00 ~ 12:00	付费推广工具介绍及日常平台活动报名解读	（1）直通车、钻展、淘宝客三大付费推广工具介绍 （2）淘宝官方活动淘金币、天天特价、试用中等平台活动解读 （3）平台活动报名的注意事项
第二天 下午 14:30 ~ 17:30	客服高效接待与售后技巧	（1）客户接待与沟通技巧 （2）客服售前、售后知识讲解 （3）售后处理流程和服务技巧
第三天 上午 9:00 ~ 12:00	店铺页面装修及首页打造	（1）店铺装修设计思路梳理 （2）店铺首页架构分析 （3）合理规划页面模块方法 （4）首页设计操作流程
第三天 下午 14:30 ~ 17:30	详情页设计思路与操作流程	（1）产品详情页的页面意义 （2）详情页的模块规划及模块搭建 （3）详情页的设计流程和操作规范

（四）电商提升培训方案

1. 培训目的

提升学员运营能力，帮助学员解决店铺运营过程中不懂搜索规则、直通车“烧钱”没效果、报名活动通过率低等问题，提升学员通过数据指标诊断分析店铺问题的能力。通过理论学习及课堂实践操作的形式，帮助学员快速吸收课堂知识点，整体提升员工的运营能力。

2. 培训对象

本课程适合已有网店并运营过一段时间，有基本运营基础的学员。

3. 培训时长

约 3 天，共 15 课时。

4. 培训安排（表 6–12）

表6–12 电商提升培训安排

时间	主题	内容
第一天 上午 9:00 ~ 12:00	数据化分析行业及竞争对手	（1）数据采集及分析的基本方法介绍 （2）采集数据分析类目行业经营竞争度 （3）数据分析竞争对手单品及店铺运营情况
第一天 下午 14:30 ~ 17:30	店铺运营规划	（1）店铺流量来源分析详解 （2）建立店铺品类搭配数据 （3）规划店铺年度流量计划 （4）制订年度店铺运营计划及执行步骤
第二天 上午 9:00 ~ 12:00	如何提升店铺成交转化率	（1）成交转化率漏斗模型理论介绍 （2）解析影响店铺成交转化率的诸多因素 （3）采集数据指标建立店铺转化率优化思路 （4）提升自然流量及付费流量转化率的方法
第二天 下午 14:30 ~ 17:30	玩转淘宝活动及店内促销	（1）淘宝官方活动与第三方平台活动介绍 （2）店内活动及促销工具的使用技巧 （3）提升天天特价、聚划算等活动报名通过率的方法 （4）合理规划店铺年度活动计划及执行步骤
第三天 上午 9:00 ~ 12:00	客服新视角	（1）售前沟通及常用数据 （2）售中技巧关联销售及有效催付 （3）售后服务打造并提升DSR评分 （4）客服

（五）电商美工培训方案

1. 培训目的

电商是典型的视觉营销，因此美工成为一个非常重要的岗位。仅有理论知识，是远远不够的，动手实操能力尤为重要。网店美工专场课程理论＋实操课程，用 1 天的时间，让学员了解制图软件，会用 PS 软件设计制作并能在后台上传图片。

2. 培训对象

对网店美工岗位感兴趣的人群、网店店主、店铺主管等。

3. 培训时长

1 天，共 6 课时。

4. 培训安排（表 6–13）

表6–13　电商美工培训安排

时间	主题	内容
上午 9:00 ~ 12:00	主图制作、GIF闪图制作、图片存储技巧	（1）网络图片PS新建文档各数值设置要求 （2）PS处理优化照片：修改图片尺寸、钢笔工具抠图、曲线、色阶等工具使用 （3）主图设计要点讲解、实操PS制作产品主图 （4）如何用PS制作GIF闪图 （5）图片存储技巧
下午 14:30 ~ 17:30	详情页详解、设计制作上传	（1）实操PS制作规范版本详情页 （2）存储图片、切图、店铺后台上传图片 （3）实操PS制作首页海报 （4）上传首页后台，上传首页海报

（六）电商客服培训方案

1. 培训目的

通过培训，使员工掌握完成本职工作所必须具备的各项技能，如操作技能、处理好与客户之间的关系、处理突发事件的技巧等，通过学习和培养来开发员工的潜能。

2. 培训对象

对网店客服岗位感兴趣的人群、网店客服、店铺客服人员等。

3. 培训时长

3 天，共 18 课时。

4. 培训安排（表 6–14）

表6–14 电商客服培训安排

时间	课程	内容要点
第一天 上午 9:00 ~ 12:00 下午 14:30 ~ 17:30	售前客服	（1）售前常见问题 （2）客服沟通的基本心态 （3）数据透析售前 （4）客服后台工具使用介绍
第二天 上午 9:00 ~ 12:00 下午 14:30 ~ 17:30	售中客服	（1）客服接待话术技巧 （2）客服接待销售技巧 （3）商品疑义、价格疑义解决技巧 （4）催付重要性及原因、催付技巧
第三天 上午 9:00 ~ 12:00 下午 14:30 ~ 17:30	售后客服	（1）普通、特殊售后问题解决技巧 （2）解决售后问题的基本思路 （3）DSR评分与评价管理 （4）售后工作规范与流程

（七）跨境电商培训方案

1. 培训目的

充分解决“互联网 +”国际贸易，将电子商务理论（物流、信息流、资金流）和国际贸易理论阐述清楚，将电子商务实务和国际贸易实务表达透彻。密切结合当前跨境电商的发展状况和我国的对外贸易实践，充分吸收近年来培训建设和实践中总结出的新知识、新内容和新体系，可以有效地提高学员的理论知识储备和实践能力。

2. 培训对象

本课程适合于跨境电商初学者，面向对象为政府、企业和高校等不同层次的人员。

3. 培训时长

3 天，共 18 课时。

4. 培训内容（表 6-15）

表6-15　跨境电商培训安排

时间	主题	内容
第一天 上午 9:00 ~ 12:00	跨境电商基础	（1）跨境电商概述 （2）跨境电商经营规则与知识产权
第一天 下午 14:30 ~ 17:30	跨境电商基础	（1）跨境电商消费者行为 （2）跨境电商支付与结算
第二天 上午 9:00 ~ 12:00	跨境电商基础	（1）跨境电商国际物流与海关 （2）跨境电商选品与海外市场
第二天 下午 14:30 ~ 17:30	跨境电商实务	（1）跨境电商视觉美工 （2）跨境电商商品呈现 （3）跨境电商营销推广
第三天 上午 9:00 ~ 12:00	跨境电商实务	（1）跨境电商采购与供应链管理 （2）跨境电商仓储与配送
第三天 下午 14:30 ~ 17:30	跨境电商实务	（1）跨境电商客服与沟通 （2）跨境电商岗位与职业发展 （3）跨境电商前沿展望

参考文献

[1] 韩云朋 . 基于社会需求的电子商务人才培训体系分析 [J]. 中国商贸，2019(12):255-256.

[2] 福建省商务厅 .《福建省电子商务人才培训工作方案》[EB/OL].2014-07-25[2020-10-25].http://swt.fujian.gov.cn/xxgk/zfxxgkzl/zfxxgkml/zcfggh/qt/201407/t20140725_2427003.htm.

[3] 聂伟 . 职业院校培训工作评价指标体系的思考和探索 [J]. 职教论坛，2016(33):16-20.

[4] 蒲城县人民政府 . 蒲城县电子商务进农村青年创业培训机制 [EB/OL].2019-11-29[2020-10-29].http://www.pucheng.gov.cn/ztzl/2019nzt/gjjdzswjnczgqf/104202.htm.